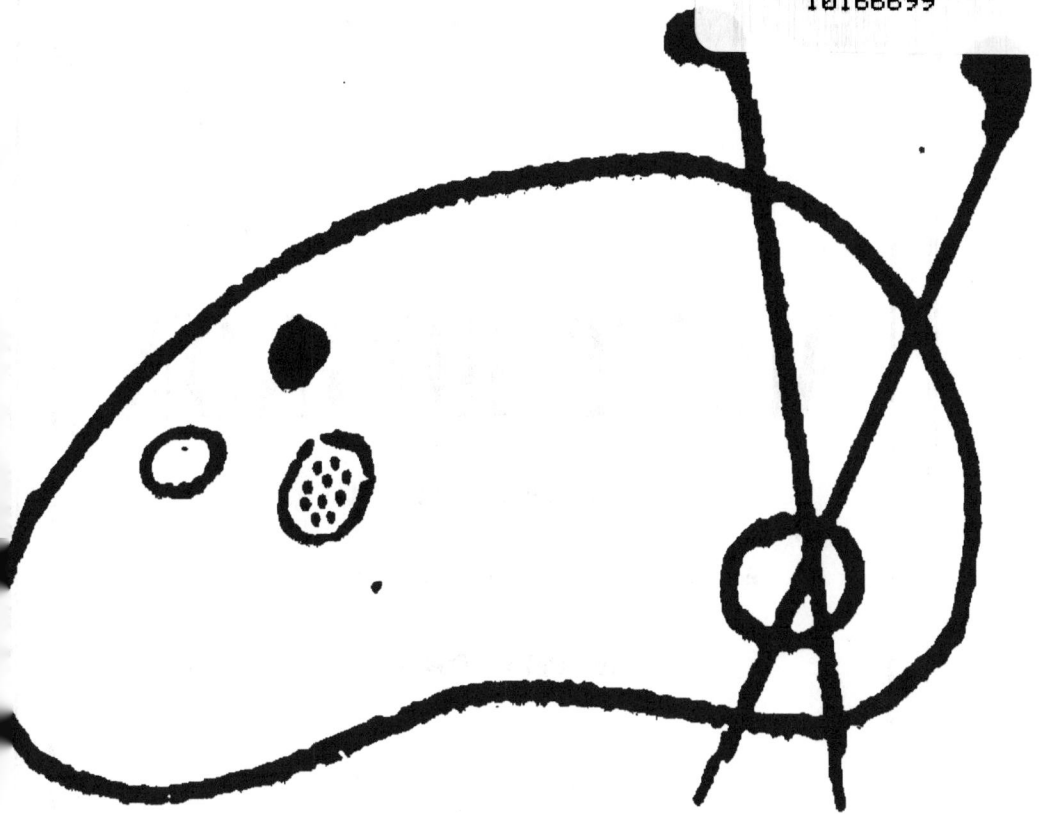

Couvertures supérieure et inférieure
en couleur

LA CHATELAINE

DE

MONT-ROGNON

CHRONIQUE DU XIV⁰ SIÈCLE

EXPLIQUÉE ET MISE EN LUMIÈRE

Par Félix DERIÉGE

CLERMONT-FERRAND

IMPRIMERIE ET LITHOGRAPHIE G. MONT-LOUIS

Rue Barbançon, 2

1878

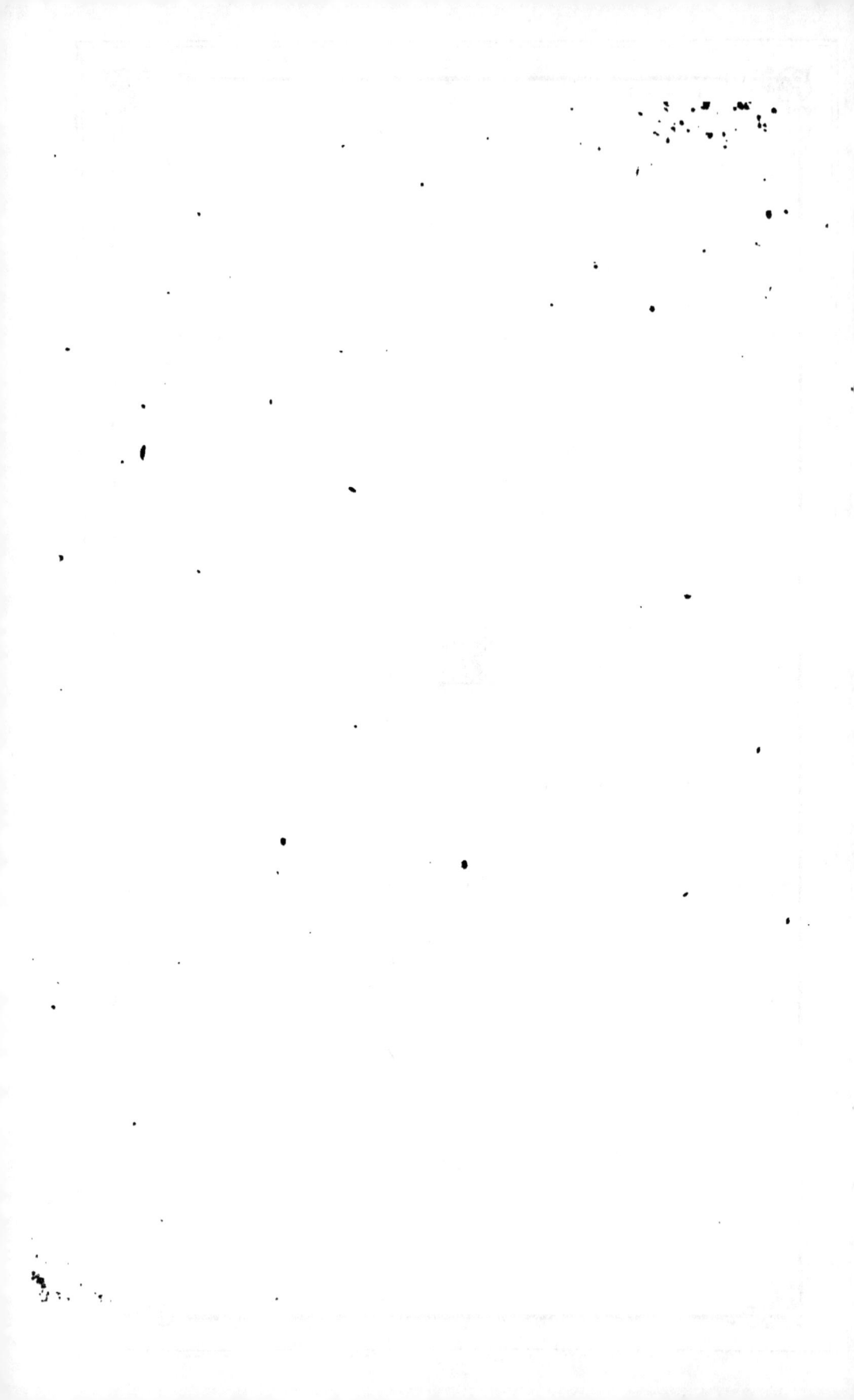

LA CHATELAINE

DE

MONT-ROGNON

LA CHATELAINE

DE

MONT-ROGNON

CHRONIQUE DU XIVᵉ SIÈCLE

EXPLIQUÉE ET MISE EN LUMIÈRE

Par Félix DERIÉGE

CLERMONT-FERRAND

IMPRIMERIE ET LITHOGRAPHIE G. MONT-LOUIS

Rue Barbançon, 2

—

1878

MONT-ROGNON.

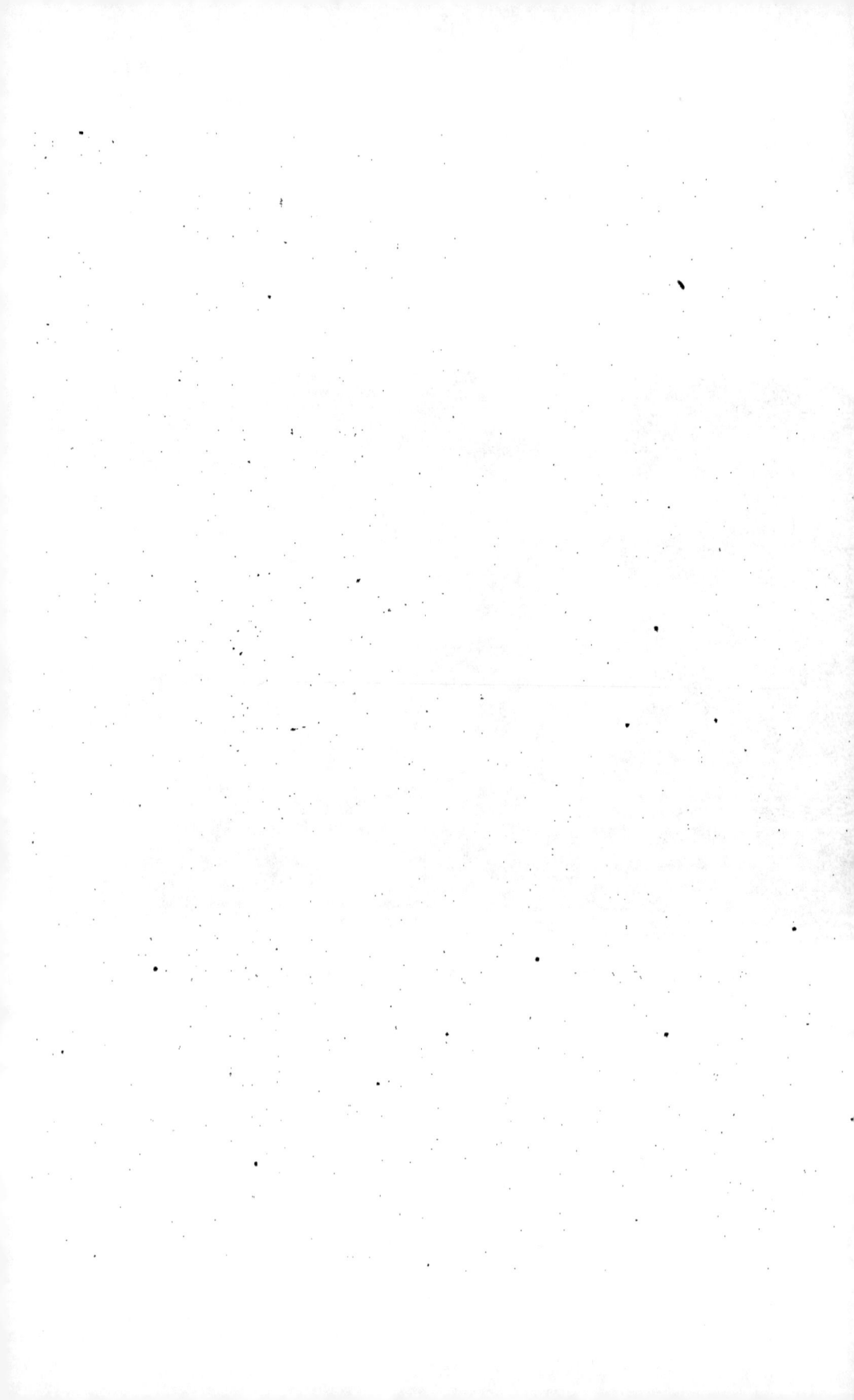

AVANT-PROPOS

La chronique qu'on va lire provient de l'abbaye Saint-André (Prémontrés du bois de Cros), où les dauphins d'Auvergne avaient leur sépulture.

Elle avait été écrite probablement vers la fin du XIVᵉ siècle, sur une feuille de parchemin de grand format. Plus tard, un notaire du couvent gratta la chronique et sur le parchemin transcrivit une sorte de bail emphythéotique, consenti par l'abbé au profit d'un paysan de Ceyrat.

Il est probable que le parchemin ainsi transformé a fait partie d'un des **terriers** *de l'abbaye, c'est-à-dire d'une de ces collections de titres que les moines avaient coutume d'appeler le* **chien** *ou le* **dogue** *(il y avait à l'abbaye Saint-André le* **petit** *et le* **grand dogue**), *sans doute parce qu'ils leur servaient à défendre leurs priviléges et à mettre à la raison leurs tenanciers récalcitrants.*

Le savant collectionneur qui a bien voulu nous communiquer cette pièce, a fait reparaître la chronique au moyen de procédés trop connus aujourd'hui pour que nous nous arrêtions à les décrire.

Nous aurions voulu la publier dans toute sa naïve originalité; mais nous n'avons pas tardé à reconnaître qu'il aurait fallu pour cela la cribler de notes qui eussent suspendu la narration à chaque pas et considérablement affaibli l'intérêt.

Nous avons donc préféré en faire, sans toucher aux faits principaux, un récit dramatique où le travail du commentateur s'effaçât de manière à ne pas attiédir l'œuvre du conteur.

Nous avons conservé autant que possible les vieilles formes de style, quelques expressions patoises même, quand elles nous ont semblé pittoresques.

L'espèce de petit roman de gestes qu'on va lire n'est pas une création, c'est simplement une interprétation, une paraphrase qui a certainement un mérite. celui de la sincérité.

LA CHATELAINE

DE

MONT-ROGNON

PREMIÈRE PARTIE

I

Comment noble damoiselle Louise d'Allanche épousa le châtelain de Mont-Rognon.

Nous sommes à Clermont, ville capitale de l'ancienne Arvernie, en l'an de grâce 1302, par une belle matinée de printemps. Tout le quartier de la *Cité*, situé au nord de la Cathédrale, est en fête ; on célèbre dans l'église métropolitaine le mariage de messire Guillaume, de la maison des dauphins d'Auvergne et seigneur de Mont-Rognon, Champeix, Aubière, Chamalières, Cros et autres lieux, et de noble damoiselle Louise d'Allanche (1).

En comparaison de son fiancé, la demoiselle d'Allanche était certes de petite noblesse. Elle était nièce de dom Jehan d'Allanche, archidiacre de la cathédrale, chez qui elle avait été élevée, précisément dans la maison qui faisait l'angle de la place *Devant-Clermont* et du cloître du chapitre.

Que cette petite d'Allanche épousât un aussi grand seigneur, vous pensez bien que cela faisait un peu jaser, d'autant plus que la pauvrette se fût mieux accommodée, disait-on, d'une moins haute alliance.

Bref, la messe du mariage s'achevait.

Messire Guillaume et sa nouvelle épouse allaient sortir par le portail du nord.

Le cortège et les équipages du châtelain les attendaient sur la place.

Ce n'était pas, à cette époque, vers l'extrémité occidentale des nefs, mais au point de jonction du chœur et du transept que la partie achevée de la cathédrale de Jehan Deschamps se raccordait

(1) *Allantia*, aujourd'hui chef-lieu de canton du département du Cantal, arrondissement de Murat, jadis châtellenie du duché de Mercœur. — Les d'Allanche et les de Dienne ont été la souche des comtes de Brioude.

avec l'ancienne basilique romane de la cité des Arvernes.

A la place de ce merveilleux portail du nord qui fait aujourd'hui notre admiration, il y avait alors un porche cintré à voussure profonde, sous lequel s'ouvrait une porte à fronton. Le Christ était représenté dans le tympan, assis et dans l'attitude de bénir.

Devant ce porche, une foule immense était rassemblée. La place, aussi loin que la vue pouvait s'étendre, foisonnait de têtes humaines ; tous les balcons à couvre-chef en bois sculpté, et toutes les fenêtres des maisons étaient encombrés ; à toutes les niches, à tous les clochetons, à toutes les gouttières, à toutes les fantaisies sculpturales des portes, des grappes d'hommes et d'enfants étaient suspendues.

Enfin les cloches se mirent à carillonner ; le bourdon des grosses tours de la rue des Gras vint mêler à ce concert son énorme voix de contre-basse ; la porte de l'église s'ouvrit à deux battants, et l'on vit sortir :

Après des hallebardiers vêtus de rouge, des bedeaux, des enfants de chœur portant les honneurs, c'est-à-dire les cierges, l'encens, l'eau bénite et les eulogies (pain bénit) ; — huit jeunes et beaux pages aux couleurs de la nouvelle dauphine, rouge, blanc et noir;—puis les deux époux.

Il se fit à ce moment un grand remous dans la foule. Ces mots : — Les voilà ! les voilà ! circulèrent partout.

La mariée était vêtue d'une robe de fine laine des Flandres à corsage blanc et à jupe mi-partie aux couleurs d'Auvergne, or (jaune) et vert. Sur le jaune était brodé au plumetis un riche blason, parti de trois, en chef, d'or aux trois dauphins pasmés d'azur, qui était des dauphins d'Auvergne ; en pointe, écartelé de gueules à la tour muraillée d'argent et maçonnée de sable, qui était d'Allanche, — et de sinople à la croix d'argent ancrée, qui était de Mont-Rognon. Une large ceinture en filigrane d'argent, rehaussé de saphirs, serrait sa taille et laissait pendre devant elle ses deux bandeaux aux reflets étincelants. Un cercle de baronne, en or émaillé, retenait sur sa jolie tête, admirablement coiffée d'une abondante chevelure blonde, un voile blanc d'étoffe transparente, dont la lisière lamée d'argent, après s'être drapée sur ses épaules à la façon d'un *peplum* antique, retombait et ondulait sur sa jupe avec une rare élégance.

A peine âgée de dix-sept ans, grande, svelte

et d'une figure régulière qu'animaient de beaux yeux d'un bleu intense, la nouvelle mariée excita partout, dès qu'elle parut, un murmure d'admiration. Son époux marchait fièrement près d'elle, tenant son béret à plume de héron d'une main et saluant la foule. Il portait un corps de cuirasse sur lequel était jetée en sautoir une écharpe aux couleurs de sa femme. Un haut-de-chausses de ratine violette et de longues bottes éperonnées, lui donnaient une tournure dégagée et toute militaire. Mais son front noueux, son nez fortement aquilin, ses yeux gris d'un grand éclat, et l'épaisse barbe noire qui lui enveloppait le bas de la figure, indiquaient un caractère âpre et violent, contre lequel il ne devait pas toujours être prudent de se buter.

En ce moment toutefois le vautour féodal, maitre de la jolie colombe qu'il allait cacher dans son aire de Mont-Rognon, n'avait que des saluts et d'aimables sourires pour tout le monde.

Dès qu'il parut, un estafier à cheval qui portait suspendues aux arçons de sa selle deux sacoches pleines de menue monnaie, mit sa monture au petit trot en criant :

— Les largesses de monseigneur Guillaume Dauphin, seigneur de Mont-Rognon !

Et il jeta au peuple des volées de sous, de liards et de deniers, sous lesquelles il se faisait des remous terribles.

Le cortége commença à défiler.

L'homme aux largesses, une députation des quatre ordres mendiants, le groupe des bedeaux, et celui des jeunes pages..... — le carrosse de messire Guillaume et de sa femme, sorte de lourd véhicule byzantin, sur lequel tous deux étaient assis sur des fauteuils à dossier. — Après eux prirent place dans d'autres véhicules semblables les membres des deux familles qui venaient de s'unir, et certes celle de la demoiselle d'Allanche faisait triste figure à côté de la haute lignée de son mari.

Toute cette aristocratie menait grand luxe de voitures et de chevaux caparaçonnés, d'habits aux couleurs éclatantes, blasonnés, parfilés, brodés sur toutes les coutures; de varlets, de piqueurs, de fauconniers, de chiens et d'oiseaux de chasse. Les d'Allanche étaient un peu écrasés par tout ce tapage; mais c'était de bonne et vieille noblesse du duché de Mercœur, riche et bien famée dans le pays.

Le cortége était terminé par un piquet de vingt lances avec leurs varlets et servants, en tout

soixante hommes de la châtellenie de Mont-
Rognon, entrés en ville par licence spéciale des
consuls, « sans préjudice pour iceux et d'hor en
avant, dit le vieux chroniqueur que nous sui-
vons, du droit qu'ils avaient de garder les portes,
tours, tournelles, murailles et places de la ville,
à l'exclusion de tous autres. »

Et déjà les mariés, après avoir contourné la
place *Devant-Clermont*, montaient le grand escalier du château où une collation leur avait été
préparée par les soins de Monseigneur le comte-
évêque Aycelin, que la queue du cortége prenait
encore son ordre de marche sous le porche de la
cathédrale.

On ne s'arrêta qu'une demi-heure au château
de Clermont, car le repas de noces devait être
célébré chez l'époux, en sa châtellenie de Mont-
Rognon. Alors le cortége se débarrassa de tous
les gens de pied qui pouvaient gêner sa marche,
descendit le glacis du château, traversa la poterne,
franchit le pont-levis et commença à se déployer
en vue des murailles. Mais en ce moment survint
un incident qui fit grande sensation. La nouvelle
châtelaine fut prise d'une innervation subite et
s'évanouit à côté de son époux.

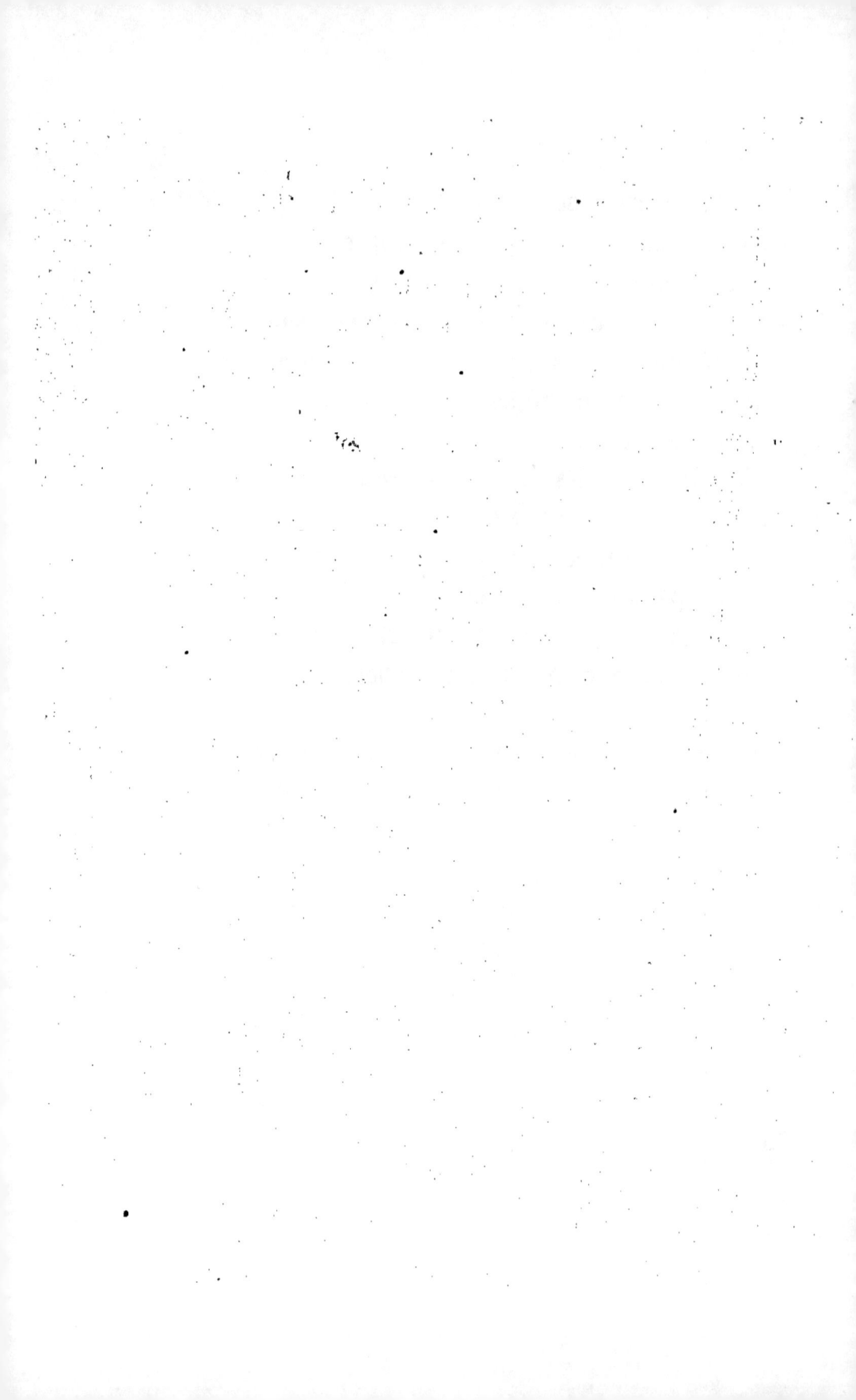

II

Pourquoi la nouvelle châtelaine de Mont-Rognon
s'était évanouie.

C'est que venait d'apparaître à ses yeux un
hommme pour qui toute cette pompe nuptiale, si
animée et si brillante, était un affreux cau-
chemar, comme le dénouement d'un drame
horrible; cet homme s'appelait messire Hugues
de la Roche-Amblard.

Hugues était le cadet d'une des branches les
plus infimes de la noble famille de ce nom (1).

(1) Notre chroniqueur veut sans doute désigner la famille
d'Amblard (près Langeac, Haute-Loire), dont un membre, chevalier du Temple, joua un rôle dans le procès de 1309. — Armoiries
inconnues.

Son arrière-grand-père avait commencé la ruine de leur maison en démembrant ses fiefs pour suivre saint Louis à la croisade. Pendant son absence, les voleurs d'héritages, au retour les usuriers de Venise et d'Amalfi l'avaient presque consommée. Néanmoins, les la Roche-Amblard jusqu'à ce moment n'avaient pas dérogé. Messire Eustache, le père de Hugues, vivait encore honorablement en faisant valoir quelques terres, débris énergiquement revendiqués de la fortune de sa famille.

Dans l'espérance que son fils relèverait un jour l'honneur de son blason, il l'avait élevé avec le plus grand soin. Tout jeune encore, Hugues excellait dans l'équitation et le maniement des armes. Nul ne brisait plus adroitement une lance, ne courait mieux la bague, n'enlevait avec plus de précision, du bout de son épée, une tête de Maure par terre, et ne la lançait, au galop de son cheval, plus haut et plus loin derrière lui. Il s'était ainsi acquis de la réputation et fait beaucoup d'amis.

Messire Eustache habitait sur la place *Devant-Clermont*, vis-à-vis l'hôtel de dom Jehan d'Allanche, une petite maison patrimoniale, détachée autrefois d'une plus vaste habitation. Les deux

familles se fréquentaient. Retenu souvent à
l'évêché ou à l'église, dom d'Allanche confiait
volontiers sa nièce à la dame de la Roche-
Amblard, qui était une spirituelle et vertueuse
personne. Hugues et Louise s'étaient ainsi connus
dès l'enfance; plus tard, ils s'étaient aimés, et,
comme ils étaient tous deux de vieille et bonne
noblesse, quoiqu'il y eût entre eux disproportion
sous le rapport de la fortune, les deux familles
avaient paru approuver leur amour.

Que de bonheur à cette époque! Que de fêtes
dans la vieille métropole auvergnate, où, age-
nouillés l'un auprès de l'autre, ils avaient con-
fondu leurs âmes dans la même pensée, leur
amour dans la même prière, demandant à Dieu
et à la sainte Vierge Marie de les protéger, de les
guider dans la vie, de les unir; où ils s'étaient
enivrés des vapeurs du même encens, laissé ravir
vers un monde meilleur par ces pompes de la
liturgie catholique, si bien faites pour captiver
les sens et exalter l'imagination.

Puis, en ces jours de félicité sans mélange,
venaient les longues promenades où, sous l'œil
de leurs parents, dans les fraîches prairies de
Royat et de Fontanas, au murmure des ruis-
seaux, au gazouillement des oiseaux, à l'aspect

des volcans de l'Auvergne découpant à travers les grands marronniers leur silhouette brune sur l'azur du ciel, appuyés l'un à l'autre, ils se bâtissaient tout un avenir d'amour et d'inépuisable bonheur.

Soirées d'été, veillées d'hiver, repas où les deux familles aimaient à se réunir, tout était pour eux une occasion de se redire leur mutuelle affection par le regard, par le geste, par l'attitude.

Hugues n'était pas précisément ce que les jeunes filles bien élevées, qui sont en quête d'un époux, ont coutume d'appeler un joli garçon ; mais c'était un homme d'une physionomie intéressante, en ce qu'elle offrait un type auvergnat des plus purs : tête forte et carrée, front droit, yeux châtains très-distants l'un de l'autre, encadrés de sourcils épais et bien arqués.

Un nez un peu épaté, la lèvre supérieure longue, les pommettes saillantes, les mâchoires fortes, le cou charnu, tels étaient en outre les traits caractéristiques qui faisaient aisément reconnaître Hugues pour un homme de pure race auvergnate. Mais il avait une chevelure châtain-foncé abondante et soyeuse, le teint d'une pureté et d'une blancheur extrêmes, la taille ronde et souple, les extrémités fines. On remarquait son regard qui était d'un éclat et d'une profondeur extraordinaires.

On conçoit que Louise d'Allanche se fût attachée à ce vaillant cavalier.

Eh bien ! six mois s'étaient à peine écoulés depuis leurs derniers jours de bonheur, et les liens qui avaient uni ces deux existences, si bien faites l'une pour l'autre, étaient à jamais brisés.

Un jour messire Guillaume était venu à Clermont ; le hasard avait voulu qu'il vît Louise ; charmé de sa beauté, de sa candeur, du rayonnement de joie intime qui illuminait son front virginal, le seigneur de Mont-Rognon n'avait pas caché à dom d'Allanche le sentiment de vive sympathie qui l'entraînait vers sa nièce.

Mais cette ouverture n'éblouit pas l'archidiacre.

Songeant au mal qu'il faudrait faire aux deux enfants dont lui et messire Eustache de la Roche-Amblard avaient toléré, presque encouragé l'amour, pour que damoiselle Louise devînt dauphine et seigneuresse de Mont-Rognon, le vieux prêtre avait jugé que l'orgueil d'une aussi noble alliance ne valait pas tant d'amère déception, de douleur, de désespoir. Messire Guillaume avait été éconduit.

Mais il n'était pas homme à se rebuter facilement. Il s'adressa au père de Louise ; là sa demande fut accueillie avec empressement. Messire d'Allanche se rendit à Clermont, fit part des intentions de Guillaume Dauphin à son frère, énuméra les avantages de cette alliance inespérée, non-seulement pour sa fille, mais encore pour leur maison ; et, comme l'archidiacre semblait accueillir froidement ses confidences, et hasardait même des objections, messire d'Allanche s'emporta. Il jura que Louise épouserait Guillaume Dauphin, et signifia à son frère que si ce dernier y faisait le moindre obstacle, il rappellerait sa fille immédiatement chez lui.

L'archidiacre dut céder.

Dès lors commença pour Hugues une existence atroce. Sa chère Louise ne fit plus aux La Roche-Amblard que de rares visites ; les rapports qui existaient entre les deux familles se relâchèrent peu à peu. En même temps le bruit se répandit que damoiselle Louise d'Allanche allait épouser un des plus riches et des plus puissants barons de l'Auvergne, messire Guillaume de Mont-Rognon. Cette nouvelle frappa au cœur le malheureux

Hugues. D'abord il refusa d'y croire ; il espérait encore, le pauvre enfant, en l'amour de sa chère fiancée ; il comptait sur sa résistance... Et comment voulait-il qu'elle résistât ?

Son illusion à ce sujet fut de courte durée.

Un jour qu'il avait guetté l'instant où la damoiselle d'Allanche se rendait à l'église, pour lui offrir de l'eau bénite et voir comment il en serait accueilli, il put se convaincre qu'en l'apercevant dès le seuil du lieu saint, elle avait hésité ; puis, oubliant le bénitier comme par distraction, elle avait passé outre.

Messire de La Roche-Amblard se sentit frappé au cœur ; un sanglot s'échappa de sa poitrine, et il resta cloué sur le sol, n'ayant plus même le sentiment de sa propre existence.

Malheureusement la dame de La Roche-Amblard avait été témoin de cette scène. Au retour elle chercha à consoler son fils ; mais il garda vis-à-vis d'elle un silence presque farouche.

Alors la bonne dame vit bien que son enfant était perdu. C'était un dernier et irréparable malheur ajouté à tant d'autres. Elle tomba malade de chagrin, et quelques jours après elle mourut.

Louise assista à l'office, mais dans une attitude

tellement réservée, que pas un seul de ses regards ne rencontra le regard du malheureux sur
la vie duquel elle avait jeté tant de misère et de
deuil.

Vint enfin le jour où furent célébrées, telles
que nous les avons décrites, les noces des nou-
veaux époux : jour d'affreuses tortures pour
Hugues, de larmes intimes, de révoltes, de ru-
gissements de désespoir.

Il suivit machinalement la mariée de l'autel
au carrosse nuptial, de là au château de Clermont et du château au pont-levis de la porte
Poterne.

Il la regardait s'éloigner le long des murailles
vers la porte du Mazeil ou de la Boucherie, pâle,
il est vrai, et immobile comme une statue de
marbre à côté de son époux, mais s'entretenant
avec lui à voix basse, et parfois lui souriant à
travers ses voiles.

Et il se demandait comment une femme pouvait être si oublieuse, si froidement insensible et
cruelle que l'avait été à son égard cette enfant,
qui s'était arrachée à lui sans lui dire un mot,
un seul mot d'adieu et de regret....

Quand il sentit une main s'appuyer sur son
épaule ; il se retourna et aperçut messire Guy

d'Auvergne, grand commandeur d'Aquitaine, le
plus haut dignitaire de l'ordre du Temple après
le grand-maître.

Messire Guy était l'oncle du marié, et il était
venu du prieuré de Chanonat, où il faisait alors
sa résidence, pour assister au mariage de son
neveu, avec deux lances de son ordre et quatre
servants.

Laissant là la fête mondaine et le repas de
noces, il se disposait à prendre les devants sur le
cortège pour retourner à son couvent.

Ce haut dignitaire connaissait Hugues; il ne
l'avait point quitté du regard pendant la cérémonie nuptiale; il savait ce que ce jeune homme
avait dû souffrir.

— Enfant, lui dit-il, viens avec nous : consa-
cre-toi comme nous au service de Dieu et à l'exaltation de sa sainte Eglise.

Messire de La Roche-Amblard regardait le
commandeur sans répondre.

— Tu vois ce monde qui te dédaigne, nous
l'apprendrons à le fuir; tu vois cette jeune fille
qui t'a trahi, nous t'apprendrons à la haïr.

— Oh! le pourrai-je jamais? murmura le
jeune homme.

— Du moins à l'oublier.

2

— Oui, oui, l'oublier ! s'écria messire de La Roche-Amblard.

Il sauta sur un cheval de main qu'on lui présentait, et, se rangeant parmi les Templiers, partit au galop avec eux.

Le groupe des chevaliers côtoyait le cortége ; emportés par leurs coursiers arabes, ils passaient comme l'éclair : chacun se retournait pour les voir. Mais quand la mariée les aperçut ; quand elle vit l'infortuné Hugues, son bien-aimé, au milieu d'eux, elle pâlit horriblement ; ses lèvres blémirent, et elle s'affaissa évanouie sur son siége.

Cette dernière épreuve avait dépassé ses forces.

On s'empressa autour d'elle ; on lui fit reprendre ses sens. Quelques personnes qui la connaissaient mieux se chuchotèrent un nom à l'oreille, et ce fut tout.

Les Templiers avaient disparu.

Le cortége nuptial gagna la porte Saint-Pierre et celle des Gras. Là, obliquant à droite, il traversa la place de Jaude, s'engagea dans le chemin de Beaumont et ne tarda pas à disparaître au détour d'un coteau.

On aperçut encore des murailles, à la montée de Mont-Rognon, ses caparaçons, ses lambre-

quins, ses plumets, ses oripeaux resplendissant
aux rayons du soleil qui commençait à s'abaisser
vers le puy de Dôme.

Puis la noce entière s'engouffra dans les noires
murailles du château de Mont-Rognon.

III

Le Château de Mont-Rognon.

.Quelle est cette ruine altière qui, au midi de Clermont, debout encore malgré les révolutions et les siècles sur son pic chenu, entre deux courbes dont l'une se rattache aux volcans de Gravenoire et l'autre au plateau de Gergovia, ressemble à quelque spectre de l'ère féodale attardé au milieu de notre civilisation?

C'est Mont-Rognon, la montagne rugueuse, *mons rugosus*, un de ces phlegmons cancéreux qui dévoraient l'Europe du moyen-âge.

L'aspect de celui-ci est particulièrement sinistre. Jamais nid d'aigle ne fut mieux placé pour le brigandage: — dans un pays riche, au milieu de populations laborieuses, entre de fertiles vallées.

Vu de Clermont, ce n'est qu'une aiguille de pierre, tordue et difforme; mais, pour le voyageur qui s'écarte soit à droite, soit à gauche, l'aiguille ne tarde pas à se scinder. Elle se partage en deux pans de murailles, qui s'éloignent peu à peu l'un de l'autre, laissant entre eux une brèche festonnée de décombres, au travers de laquelle la colère du Ciel semble avoir passé.

Hâtons-nous pourtant de le dire, le château de Mont-Rognon vaut un peu mieux que sa physionomie.

Il fut bâti pendant la première moitié du treizième siècle par le dauphin d'Auvergne, petit-fils du comte d'Auvergne Guillaume VII; voici à quelle occasion.

Guillaume VII était parti pour la Croisade avec Louis-le-Jeune, en 1147. Revenu deux ans plus tard, après une expédition malheureuse, il trouva ses terres et notamment sa ville de Clermont, usurpées par son oncle, auquel il en avait confié la garde.

De là contestations, défi, guerre. Le roi d'Angleterre intervint, puis le roi de France. Bref, l'oncle resta maître du comté. On le connaît dans l'histoire sous le nom de Guillaume VIII.

Plus tard, en 1212, un des petits-fils de Guillaume VIII, Robert, évêque de Clermont, imitant la conduite de son aïeul, usurpa le comté de Clermont sur Guy, son frère.

Ce fut ainsi que les évêques de Clermont devinrent comtes de cette ville.

Quant à Guillaume VII, il avait pris pour femme une des filles de Guigues III, comte d'Albon et dauphin de Viennois. Irrité des spoliations dont leur famille avait été victime, son petit-fils abandonna le titre de comte d'Auvergne pour prendre celui de dauphin qui était depuis longtemps dans la lignée maternelle, et transporta la capitale de ses États à Vodable, près d'Issoire. Il y eut dès lors, quatre fiefs d'Auvergne, dont l'un appartenait à la couronne :

Le comté d'Auvergne, capitale Vic-le-Comte ;

La terre d'Auvergne, confisquée par Philippe-Auguste (1197-1209), et qui plus tard, fut érigée en duché par le roi Jean, capitale Riom ;

Le comté de Clermont, capitale Clermont ;

Et les terres dauphines ou fief dauphin, capitale Vodable.

Déchu du comté de Clermont, le premier

dauphin bâtit Mont-Rognon pour avoir, selon la coutume féodale, un château d'où relevassent ses terres de Limagne. C'était pour rappeler ses droits sur Clermont, qu'il avait donné à Mont-Rognon à peu près les mêmes armes que celles de cette ville ; — d'azur, à la croix d'argent ancrée.

Grand ami des arts et poète lui-même, il accueillait volontiers les poètes. Des sirventes ou couplets satyriques, dont deux du dauphin lui-même, des souvenirs de galanterie, de cours d'amour, de gaie science, voilà tout ce qui reste de l'histoire de l'ancien Mont-Rognon. Plus tard, la chronique de la sourcilleuse forteresse s'assombrit un peu.

Le premier dauphin mourut le 12 mars 1234.

Son castel était à l'origine un massif de constructions exiguës, mais solides et bien assises, que terminaient à l'est deux tourelles et à l'ouest le profil de la porte d'entrée et de ses défenses ; au milieu de l'édifice, un peu sur la droite, s'élevait le donjon, et au-dessus du donjon la *guette*, sorte de guérite d'où l'on observait au loin la campagne.

Toutes ces murailles étaient à tourelles à démi engagées et bordées de créneaux.

La maçonnerie du donjon, aujourd'hui béante

à l'air, laisse encore apercevoir les chaînes en grès blanc de Jussat qui servaient à la consolider ; de même pierre était la corniche qui supportait les merlons du faîtage.

Mont-Rognon était donc un château bâti avec un certain luxe d'appareil, dont les formes arrêtées et sveltes saisissaient le regard au milieu du riant paysage qui l'entourait.

La porte était en vue de Ceyrat. Le pont-levis, son fossé et la contrescarpe à laquelle il venait s'appuyer quand on l'abaissait, étaient orientés vers le sud, présentant une des faces latérales de leur tour d'angle au puy de Dôme et au vent d'ouest.

En pénétrant dans l'intérieur du château, on avait devant soi, bien abritée des vents du sud-ouest, d'ouest, du nord et du nord-est par les défenses de la porte, la chapelle, le donjon et d'autres constructions encore, — une petite maison seigneuriale comme le moyen-âge en a laissé une vingtaine à Montferrand.

Au centre de la façade, un escalier à tourelle donnait accès dans deux galeries, portées sur des voûtes en arête. Celle de droite conduisait à une salle de gardes et, à l'étage supérieur, au salon de réception où messire Guillaume donnait ses audiences ; celle de gauche aux diverses pièces de l'habitation du châtelain et de sa femme.

Large ogive au-dessus de la porte, dans le tympan de laquelle les armes d'Auvergne étaient écartelées avec celles de Mont-Rognon.

Sur l'un des pieds-droits du seuil, un ciseau naïf avait sculpté en demi-bosse un saint Christophe traversant la mer, l'enfant Jésus sur son dos.

Sur la plinthe à hauteur d'appui qui formait balustrade en avant d'une des galeries, c'était la *Salutation angélique* qu'un sculpteur du moyen-âge avait esquissée, car une pieuse coutume voulait qu'on figurât ce mystère aux abords de tous les lieux où l'on accueillait les étrangers.

A Tournoël, la *Salutation angélique* est également représentée dans le tympan de celle des portes intérieures qui mène aux appartements du châtelain.

La haute tour, coupée par le milieu qui couronne aujourd'hui la montagne de sa voûte hémisphérique, fut autrefois le donjon. La chapelle était au nord ; à l'est on trouvait la citerne, les étables et les écuries : au sud-est, entre deux longues courtines, les greniers, les caves, le fruitier, le saloir et les logements de la garnison;

pour une centaine d'hommes au plus. A l'extrémité des courtines s'élevaient deux tourelles, dans une position très-escarpée.

Mont-Rognon fut, comme une foule d'autres châteaux, rasé sous Louis XIII en 1634, quand Richelieu voulut achever d'établir l'autocratie royale sur les ruines de la féodalité.

IV

C'est dans une des pièces principales de l'appartement des époux dauphins que nous retrou-
vons la belle Louise d'Allanche, devenue dame
de Mont-Rognon.

Cinq ans se sont passés.

On touchait à la fin de septembre de l'an de
grâce 1307. Le temps était magnifique; l'air était
frais et pur, le soleil doux; l'immense amphi-
théâtre de vallées, de coteaux et de montagnes
que la châtelaine découvrait de la fenêtre près de
laquelle elle était assise, depuis Durtol jusqu'à
Gergovia, avait d'incroyables splendeurs.

Autour de la dame de Mont-Rognon, tout le luxe un peu barbare de l'époque : le grand lit armorié à baldaquin de serge verte, les tapisseries d'Arras *(arrasinoises)*, représentant des scènes de la Bible ; les hauts siéges à marche-pied et à fronton, les bahuts sculptés, les émaux cloisonnés, les reliquaires, les images de saints à fond d'or, de forme byzantine... A travers les vitraux, aux vives enluminures, de celles des fenêtres qui restaient fermées, le soleil jetait sur tout ce mobilier sévère le bleu, le vert, le pourpre et l'or de ses rayons.

Vraiment on respirait à l'aise, par cette belle matinée, dans ce castel aérien de Mont-Rognon. Les soucis y semblaient plus légers ; on s'y sentait plus détaché de la terre, et en quelque sorte plus rapproché du ciel.

Oh! c'était une bien noble et bien gentille seigneuresse que l'épouse de messire Guillaume. Âgée en ce moment de vingt-trois ans, elle était dans tout l'éclat de la plus radieuse jeunesse. Un front pur, des yeux bleus, dans lesquels il semblait y avoir comme un reflet du ciel ; des joues fraîches quoique un peu pâles, un nez fin, une bouche petite et carminée, laquelle ne s'ouvrait que pour dire à tous, nobles et vilains, des pa-

roles gracieuses ; un menton et un col aux cir-
convolutions exquises, faisaient vraiment de la
châtelaine de Mont-Rognon ce que l'on appelait
alors, en style de gaie-science, « une fleur in-
comparable d'amour et de beauté. »

Elle était simplement vêtue d'une robe de
camelot qui dessinait son buste avec toute sorte
de gracieuses recherches. Une cornette bleue,
pailletée d'argent, dont le bavolet carré retombait
sur sa guimpe de fin lin, enserrait sa luxuriante
chevelure ; ses pieds mignons étaient chaussés de
souliers à poulaine, selon la mode du temps.

Sa physionomie d'habitude était calme et
sérieuse. Par instants, néanmoins, sans motif
apparent, un nuage de tristesse semblait passer
sur son front. Alors, son regard s'allumait d'un
feu soudain, sa lèvre devenait sérieuse ; mais ce
n'était guère qu'un éclair, qu'une révolte du
cœur aussitôt réprimée. C'est qu'il y avait dans
son passé un souvenir, une douleur que la vertueuse épouse de messire Guillaume avait enseveli pour toujours dans le plus profond repli de
sa pensée.

Au milieu du monde féodal où tout était ambition sans frein, violence, fanatisme, cette douce
figure de jeune, belle et honnête femme avait un

charme infini. Aussi dans les châteaux du voisinage, vingt galants chevaliers avaient pris la seigneuresse de Mont-Rognon pour leur dame, et
s'étaient voués à la servir par quelque secrète
emprise, soigneusement cachée.

Près d'elle, une paysanne, vêtue comme aux
environs de Clermont d'une robe de bure à pièce,
dont les plis rassemblés par derrière lui faisaient
sur le dos une énorme saillie en forme de chi-
gnon, d'un mouchoir de cou et d'une coiffe
ronde en toile, à ailerons plissés, vaquait aux
soins du ménage.

Cette femme, âgée d'environ quarante ans, avait
été la nourrice de la châtelaine.

Eh bien ! la Nérette (1), lui dit celle-ci, quand
la paysanne, le plus gros de son ouvrage achevé,
commença à promener le *plumeau* sur les menus
meubles qui décoraient l'appartement, as-tu vu
le sorcier de Rochefort ?

— Oui, maîtresse, répondit la Nérette.

— Et que t'a-t-il dit ?

— D'abord il a empoché votre denier d'argent

---

(1) C'est le mot noiraude un peu atténué.

et puis il s'est mis à me cónter..... toujours les mêmes sottises.

— Quoi donc?

— Qu'il se rendrait aux *Goules* demain soir, vers minuit, et que là, entre quatre chemins, il appellerait la poule noire.

— Quelle poule noire?

— Le diable.

— Ah !

— Pour se faire dire où est messire Hugues, et qu'aussitôt il l'avertirait que j'ai à lui parler.

La châtelaine haussa les épaules.

— Voyez-vous, maîtresse, poursuivit la paysanne, si vous vouliez suivre mon conseil, vous laisseriez ce jeune homme se débattre comme il pourra avec ses Templiers.

— Oh ! non, non. C'est impossible.

— Pourtant il me semble que depuis cinq ans, vous avez eu le temps de l'oublier.

— L'oublier ! murmura la châtelaine en secouant la tête. J'ai eu la force de cacher à tous les yeux ma douleur, mes regrets; mais depuis le dernier malheur qui a frappé ce pauvre enfant, une pensée terrible me poursuit; c'est que j'ai empoisonné sa vie ; c'est que je l'ai poussé à se perdre.

— Faut pas vous faire de ces idées-là, *petiote*. S'il a quitté son couvent, ce n'est pas vous qui en êtes cause. Et pourquoi l'a-t-il quitté?

— Qui le sait? Il a disparu de Chanonat; il s'est mis à vagabonder on ne sait où; les Templiers ont fait pour lui ce qui se pratique à l'égard de tant d'autres. On a lancé contre lui aux prônes des églises des monitoires ordonnant à tous les fidèles, sous peine d'excommunication, d'appréhender le déserteur au corps partout où on le rencontrerait et de le ramener à son couvent. Messire Hugues devait s'y attendre.

Mais ce n'est pas tout, poursuivit la châtelaine. Les Templiers ont commencé une procédure contre lui. Il s'agit de lui faire trois sommations à huit jours de distance l'une de l'autre, pour qu'il ait à rentrer au prieuré; à peine, s'il ne comparaît pas, de sa personne ou par un défenseur, d'être déclaré hérétique et relaps, et comme tel livré au bras séculier. Comprends-tu, ma brave Nérette, livré au bras séculier comme hérétique et relaps? Mais il s'agirait pour lui du supplice du feu.

La paysanne resta atterrée.

— Il faudra le faire évader, reprit-elle.

— Et où irait-il, emportant sur son front de

maudit le stigmate d'une sentence pareille? N'y a-t-il pas partout des Templiers pour le poursuivre et des brûleurs d'hommes pour le tuer?

— Ah! bonne Dame d'Orcival, ayez pitié de nous! exclama la paysanne.

— Maintenant, au moyen du sorcier ou de toute autre manière, peux-tu le voir, peux-tu lui parler?

— Écoutez, *petiote*, reprit la paysanne. Carmentrand — c'était le nom du sorcier — est un coquin qui fait tous les métiers : sabotier le jour et vivant au milieu des bois, sorcier la nuit, c'està-dire mêlé à toute sorte d'intrigues et de scélératesses. Il est connu à vingt lieues à la ronde.

Or il y a longtemps qu'un pareil homme aurait fait une mauvaise fin, s'il n'était pas secrètement protégé. Tout le monde le déteste, mais tout le monde le craint, les uns par sottise, croyant qu'il a le diable dans sa manche, les autres parce qu'ils se sont servis de lui en maintes circonstances. Quel scandale si Carmentrand, livré au bourreau, se mettait à parler !

Donc Carmentrand découvrira la retraite du chevalier, pourvu qu'il y trouve son profit. Mais ce ne sont plus des deniers d'argent, ce sont des sous d'or qu'il faudra lui donner.

— Oh ! tout ce qu'il voudra, brave Nérette, pourvu que je puisse sauver ce pauvre enfant que j'ai poussé dans l'abîme.

— C'est bien, c'est bien, maîtresse, répliqua a paysanne ; je reverrai le sorcier. Ah ! bon Jésus ! quelle méchante affaire ! ajouta-t-elle : nous attaquer au saint ordre du Temple ! Si messire Guy d'Auvergne le savait !

— Mais que se passe-t-il du côté des écuries ? interrompit tout à coup la dame de Mont-Rognon.

Elle prêta l'oreille. On entendait messire Guillaume qui jurait et sacrait comme un païen, et en même temps une voix suppliante de paysan. Ce dernier s'excusait d'être venu tard à la corvée, alléguant qu'une de ses vaches était malade et qu'il avait été forcé d'emprunter celle d'un voisin.

La châtelaine sortit précipitamment, traversa plusieurs passages enchevêtrés les uns dans les autres et percés partout de meurtrières et de barbacanes, contourna la base du donjon et redescendit à l'est, dans une étroite cour où se trouvaient les écuries et la citerne.

Là se tenait messire Guillaume, nu-tête, l'œil ardent, les joues enflammées, les lèvres trem-

blantes. Il était vêtu de simples chausses et d'une
cape, et tenait à la main un fouet dont il s'amu-
sait chaque matin à caresser les reins de ses gens
d'armes et de ses varlets.

— Qu'a donc ce *pelot* (ce montagnard) à crier
ainsi ? demanda la dame de Mont-Rognon avec
une feinte impatience. On n'entend que lui dans
le château.

— Ah ! par le diable ! il n'a pas tort de crier,
répondit messire Guillaume. On va lui apprendre
que la corvée du vilain commence à six heures
du matin et non pas à dix, en lui administrant
une forte volée de bois vert.

On avait dépouillé le paysan de sa veste; on
lui avait ôté son chapeau et un valet d'écurie se
préparait à l'attacher à un poteau, tandis qu'un
autre se tenait près de lui, agitant une longue et
forte baguette de coudrier.

— Tiens ! dit Louise, c'est le père Bonafous.

— Pour vous servir, madame, répondit le
paysan en implorant la châtelaine du regard.

— Guillaume, reprit celle-ci en se tournant
vers son mari, le sourire aux lèvres, voulez-vous
m'accorder la grâce du père Bonafous?

— Non, répéta brusquement le châtelain. Si
je n'y mettais ordre, ces coquins avec leurs re-

tards me voleraient un tiers de leurs corvées
par an.

La châtelaine passa son bras sous celui de son
mari, et le tirant doucement à elle :

— Ne faites pas frapper cet homme, mon ami,
murmurait-elle à son oreille. Il est de Ceyrat ;
c'est notre voisin. Vous êtes trop sévère à l'égard
de ces pauvres diables ; cela fait mauvaise réputation à notre maison. — Allons, reprit-elle en
s'adressant aux valets d'écurie, lâchez le père
Bonafous et rendez-lui ses vêtements.

Elle emmena son mari, et frappant sur l'épaule
du malheureux vilain de son mouchoir de fine
toile :

— Va-t-en, brave homme, disait-elle ; retourne
auprès de ta femme et de tes enfants. Adieu, père
Bonafous, adieu.

— Adieu, ma bonne dame, répondit le paysan
tout ému de reconnaissance.

— Tu feras ta corvée un autre jour.

— Et tu tâcheras que ce jour-là ta vache ne
soit point malade, interrompit messire Guillaume
en grondant comme un chien hargneux que son
maître empêche de mordre. Je ne me paierai plus
de ces raisons.

Ainsi les seigneurs féodaux amusaient leur

matinée à faire rouer de coups, sous un prétexte
ou sous un autre, les pauvres diables qui toute
l'année suaient sang et eau pour les nourrir et
soutenir leur luxe. Trop heureux les vilains,
quand cela n'allait pas jusqu'à les accrocher haut
et court à ces pièces de bois noir, que les nobles
hauts justiciers arboraient comme un épouvan-
tail au sommet de leurs donjons.

Le surlendemain, vers le soir, la Nérette re-
vint au château bien troublée.

Carmentrand avait promis de l'aboucher avec
messire Hugues, au sabbat des sorciers du vendredi suivant, au puy de Dôme. Seulement la
consultante devait apporter un chevreau noir
pour le diable et quatre sous d'or pour son mi-
nistre.

Quoique très-effrayée de ce rendez-vous, la
Nérette promit de s'y trouver.

V

Le sabbat des sorciers au puy de Dôme.

Transportons maintenant le lecteur au sommet du puy de Dôme.

La scène qu'on va lire est tout ce qu'il y a de plus fantastique dans les traditions du moyen-âge. Elle n'est qu'indiquée dans le vieux manuscrit qui nous sert de guide ; nous la complèterons d'après *l'Anti-Christ* de messire Florimond de Rémond, conseiller au Parlement de Bordeaux.

Florimond de Rémond, magistrat aussi superstitieux qu'il fallait l'être pour condamner au feu ces sorciers dont la police correctionnelle fait aujourd'hui si facilement justice, y met en scène une mégère auvergnate, Jeanne Bosdeau, brûlée vive en 1594. Dans tout ce qu'il lui fait raconter, il n'y a rien pourtant de surnaturel : la crédulité

populaire pouvait seule donner quelque importance à ces grotesques révélations.

Donc au moyen-âge, le puy de Dôme passait
pour être le rendez-vous de tous les sorciers de
France. Il s'y tenait sabbat deux fois la semaine,
le mercredi et le vendredi, dans la chapelle de
Saint-Barnabé. Cet édifice, dont on aperçoit
quelques vestiges au nord du petit mamelon qui
marque le point culminant de la montagne, sub-
sistait encore en 1648, quand sur les indications
de Pascal, M. Périer fit sa fameuse expérience
sur la pesanteur de l'air.

Soixante fanatiques, hommes et femmes, s'y
trouvaient rassemblés pendant la nuit du 27 septembre 1307. Quoiqu'ils fussent censés, du moins
au dire de M. Florimond de Rémond, représenter
le sanhédrin de la sorcellerie française, il était
facile de s'apercevoir à leur costume que presque
tous appartenaient à des villages des environs.

La plupart des assistants semblaient être de
vieux praticiens rompus à toutes les manœuvres
de la sorcellerie. Les yeux de lynx au regard
aigu, les fronts ridés, les joues flétries, les voix
rauques et saccadées étaient autant de laideurs
caractéristiques auxquelles tous ces coquins
étaient reconnaissables. Chacun d'eux portait un

grand bâton ferré qui lui avait servi sans doute à gravir la montagne et une lanterne garnie d'une chandelle noire.

Les chandelles étaient éteintes.

La chapelle n'était éclairée que par un mauvais *chaleu* suspendu à l'angle d'une corniche et qui jetait autour de lui autant d'ombre que de lumière.

L'aspect de cet intérieur était des plus tristes. Le vent soufflait aux angles du vieil édifice, et à travers les vitraux on apercevait parfois, malgré le *chaleu*, de larges ombres que projetaient les nuages en fuyant sous les rayons de la lune alors dans son plein.

Parmi les sorciers on marmottait des prières, on invoquait le chat noir ou la poule noire, tous les animaux qui étaient censés représenter le diable. Parfois on entendait retentir un baiser, immédiatement suivi de quelque grivoiserie patoise; car la galanterie n'est pas étrangère aux sorciers. La plupart des assistants dormaient en attendant l'heure du sabbat.

Enfin, vers minuit, la porte s'ouvrit et le doyen des sorciers entra.

C'était Carmentrand, dit le maître de Rochefort, suivi d'un bouc noir.

Le mot patois *Carmentrand* (carême entrant)
signifie carnaval.

En effet, le sorcier de Rochefort, à part ce que
pouvait avoir de lugubre son commerce avec
Satan, n'engendrait pas la mélancolie.

Nous avons cru devoir conserver quelques
mots patois de notre manuscrit qui lui appartiennent.

Cet homme pouvait avoir cinquante ans.

Son costume était à peu près celui des autres
paysans, si ce n'est qu'il portait des braies
courtes, et des guêtres que rattachaient au genou
des jarretières de laine rouge. Pour se garantir
du vent de la nuit, il avait eu soin de jeter sur
ses épaules une bonne limousine en serge grise à
raies noires. Il portait sur son dos un sac rempli
de toutes sortes de malices diaboliques.

—Vous voilà, coquins, murmura-t-il en entrant.

Il compta ses adeptes.

—Soixante environ et toujours les mêmes !
C'est bien la peine de venir de Rochefort pour
soixante *fadas* (niais), qui entre eux tous n'ont
pas vingt deniers dans leur poche.

Il traversa la chapelle, monta à l'autel, y
déposa son sac et s'assit sur le marche-pied, son
bouc noir à côté de lui.

Du sac il tira des allumettes, en prit une, releva la queue de son bouc et fit le geste d'allumer en dessous son morceau de chenevotte. En effet, l'allumette prit feu ; le sorcier alluma une chandelle noire et la plaça entre les cornes du bouc.

Tous ces détails appartiennent au livre de maître Florimond de Rémond.

Chaque sorcier vint à son tour allumer la chandelle noire qu'il avait apportée. En un instant la chapelle fut illuminée.

Sorciers et sorcières formèrent une ronde en se tenant par la main et en se tournant mutuellement le dos, comme dans les orgies antiques. Le bouc était debout au milieu d'eux, sa chandelle allumée entre les cornes. Toute cette foule diabolique se mit à tourner avec une rapidité vertigineuse.

Le président du sabbat se tenait appuyé des deux mains sur son bâton ferré et, selon l'habitude des paysans qui veulent se donner de l'importance, il balançait la tête par un mouvement lent et régulier. Son regard, empreint d'une astuce singulière, étincelait sous ses paupières à demi-closes. Le bouc, débarrassé de sa chandelle, s'était couché négligemment près de lui.

Bientôt Carmentrand, d'un coup de son bâton frappé par terre, fit cesser la danse.

— *Venia van trés tous* (approchez ici tous), dit-il d'une voix nasillarde, et que chacun raconte le tour de sorcellerie qu'il fait en ce moment. Qui est-ce qui s'occupe de chasser le lutin, de conjurer le farfadet, de donner la chasse au loup-garou, d'*enroûler* l'un, de nouer l'aiguillette à l'autre, de jeter un sort à l'âne, au bœuf ou bien à la femme de son voisin, de déchaîner le vent, de faire tomber la grêle, de découvrir un trésor? Ceux qui ne réussissent pas dans leur maléfices n'ont qu'à le dire pendant que le bouc noir est là. Je le consulterai à ce sujet. *Ma riédases, chercha trés tous che n'y o pas quoqua peça égavada dien las coutiuras de vos brayes* (cherchez tous s'il n'y a pas quelques pièces égarées dans les coutures de vos braies) ; car il faut avant tout que ma consultation soit payée. Quand les chrétiens font tant pour le bon Dieu et nourrissent ses prêtres à bouche-que-veux-tu, il ne faut pas que *dou pégans couma vou autrés* (il ne faut pas que des païens de votre espèce) oublient complétement le diable.

— *Disa, Panleïo* (1) (dis, vaurien), demanda

(1) *Panleïo*. Au propre, ce mot, en patois, s'applique à l'ivraie.

une des sorcières en raillant, exiges-tu que les
pièces soient sorties de la monnaie du chapitre
de Clermont?

— *Oh! be, ma mia ; n'o ma paou de l'ardgen
dou prêté* (Oh! bien, ma mie, je n'ai pas peur de
l'argent des prêtres).

— Recevrais-tu bien les deniers tournois et
les livres parisis? demanda une autre commère
qui venait d'entrer.

— *Ah! Nérette, ma calaude*, interrompit le
sorcier en se levant et en s'approchant de la
nouvelle venue, qu'il prit par la main, *venne
écheu, venne écheu* (ah! Nérette, ma belle, viens
par ici, viens par ici).

Carmentrand entraîna la Nérette hors de la
chapelle.

— Eh bien ! lui dit-il avidement quand il
fut sûr de ne pas être entendu, as-tu apporté le
biquet noir?

La paysanne ouvrit son tablier et laissa voir un
petit chevreau qui, aux rayons de la lune qui
vinrent allumer deux scintillements sur ses prunelles, se mit à appeler sa mère.

— Et les sous d'or? ajouta Carmentrand.

— Ils se trouveront quand il faudra, répliqua
la Nérette.

— Alors, c'est bien, dit Carmentrand. — As-tu du courage? poursuivit-il.

— Toujours autant que toi, chien.

— Assieds-toi.

— Que vas-tu faire encore, quelque diable-rie?

— D'abord t'enfermer dans le cercle magi-que.

— Bon.

... Et puis j'égorgerai le chevreau.

— Et après?

— Alors le diable apparaîtra pour enlever la victime; peut-être le verras-tu, tout au moins tu l'entendras passer comme un souffle d'orage. Tu le sentiras frôler tes joues. Tiens-toi sur tes gardes; serre tes jupons autour de toi ; prends garde qu'ils ne dépassent le cercle magique, crainte que le malin t'emporte. S'il le tentait, accroche-toi à mes habits.

— Allons, fais tes simagrées, coquin, inter-rompit la Nérette avec un dédain affecté. A quoi cela servirait-il au diable de m'enlever? Que voudrais-tu qu'il fît de moi?

La Nérette affectait de se moquer; mais elle sentait que peu à peu la peur la gagnait.

VI

Le sorcier Carmentrand évoque le diable.

La paysanne s'était accroupie par terre, ses jupons étroitement serrés contre elle. Du bout d'une baguette de houx noircie au feu, Carmentrand traça un cercle autour d'elle, en dehors duquel il se plaça.

Puis il saisit le chevreau, s'agenouilla, tira d'une petite gaine qu'il portait suspendue à la ceinture, un couteau à la lame effilée, invoqua Satan, Béelzébuth, Béhémoth, Astaroth, toutes les puissances de l'Enfer, dont les noms sont parvenus jusqu'à nous, et égorgea le biquet noir qui poussa un cri plaintif.

Carmentrand le laissa quelque temps épancher son sang par terre. Ce groupe de deux personnes accroupies et silencieuses, et de la pauvre petite bête qui se débattait entre les mains du

4

sorcier dans les angoisses de la mort, au clair de la lune qui les modelait vivement tandis que leurs ombres s'enlevaient en vigueur sur la terre grise, — avait quelque chose de sinistre. La Nérette frissonnait.

Bientôt Carmentrand se releva, en marmottant entre ses lèvres nous ne savons quelles formules baroques, et de son bras étendu tint à la hauteur de sa tête le chevreau agonisant.

—Attention, femme, dit-il; le diable va passer.

En effet, la paysanne sentit une bouffée d'air lui frôler les tempes. Elle regarda le sorcier. Il s'était transfiguré, pour ainsi dire; ses joues étaient pâles, ses traits étaient bouleversés; plus rien dans ses mains : le chevreau avait disparu.

Il est vrai qu'il sembla à la Nérette l'avoir entendu tomber au-dessous d'elle, à travers les broussailles.

Mais elle était en ce moment sous le coup d'une sorte d'épouvante.

Alors Carmentrand appela par trois fois :

— Messire Hugues ! !

Il se fit un bruit de feuilles dans le buisson voisin, et le Templier parut.

— Les sous d'or maintenant ! ajouta Carmentrand.

La Nérette, encore tremblante, lui glissa une bourse dans la main ; le sorcier compta les pièces.

— C'est bien , dit-il. Maintenant le charme est rompu : tu peux parler à messire de la Roche-Amblard.

Se penchant vers la paysanne, et jetant là son masque de sorcier avec un sans-gêne extraordinaire, Carmentrand ajouta :

— Il ne sait ni ton nom, ni celui de la personne qui t'envoie. J'ai été discret : agis en conséquence.

Se tournant ensuite vers le Templier :

— Messire, poursuivit-il, voici la paysanne qui a désiré vous entretenir.

Et il disparut.

— Que me veux-tu, bonne femme ? dit le chevalier en s'approchant de la Nérette avec précaution.

Il était vêtu d'une cape de laine grossière et coiffé d'un large feutre. D'une main il tenait un de ces couteaux de chasse courts et larges dont avaient coutume de s'armer en voyage les vilains auxquels il était défendu de porter l'épée, et qu'on appelait *mandocine*.

— Causer avec vous, répondit la Nérette, et aviser aux moyens de vous sauver, si c'est possible.

— Qui es-tu donc, poursuivit le Templier, toi qui prends encore souci de moi?

— Comment, messire, exclama la paysanne, vous ne me reconnaissez pas?

— Non.

— Je suis la nourrice de noble damoiselle Louise d'Allanche, aujourd'hui châtelaine de Mont-Rognon.

A ces mots le fugitif tressaillit.

— Malheureuse! murmura-t-il, quel nom viens-tu de prononcer?

— L'aviez-vous oublié?

— Non, non; c'est la châteleine qui m'a oublié, qui m'a trahi, qui m'a plongé dans l'abîme de misères où je suis tombé.

— Pouvez-vous l'accuser ainsi? répliqua la Nérette. Elle a dû obéir à ses parents; elle a subi l'époux qu'on lui a choisi.

— C'est l'ambition, l'orgueil qui l'ont séduite.

— Alors, Dieu l'a bien punie.

— Punie! allons donc! Dieu et son Eglise n'ont de rigueurs que pour les faibles, que pour les pauvres; les autres, ils les comblent d'honneurs et de biens quoi qu'ils fassent. Avec moi, fidèle à notre amour, Louise n'eût été qu'une dame de petite noblesse; avec messire Guillaume elle est devenue dauphine d'Auvergne, dame de Mont-Rognon, Champeix, Aurières, Chamalières, Cros et autres lieux, la belle-fille d'un de ces vassaux immédiats de la couronne qui ne relèvent que du roi et de leur épée. — Et moi, misérable, qui lui ai gardé la foi jurée, qui n'ai pas voulu d'autre amour que le sien, que suis-je devenu ? un moine apostat, un révolté, un proscrit, forcé de me cacher le jour dans les halliers, et la nuit de chercher de loin, à la lueur d'un *chaleu* qui brille, à la fumée d'un toit qui blanchit dans le ciel, quelque pauvre hutte où je puisse trouver un morceau de pain.

— Messire, vos paroles me navrent le cœur, repartit la Nérette : laissons là ce discours. Mais soyez sûr que vous n'avez pas été seul à souffrir, que la châteleine de Mont-Rognon ne s'est pas résignée sans douleur à cette situation que vous vous figurez si heureuse et si brillante. Ses regrets semblaient s'être affaiblis dans ces derniers temps quand le scandale de votre fuite est venu les ranimer.

Le fugitif écoutait sans mot dire, mais sa figure était sombre, et de temps à autre, surtout quand le nom de la dame de Mont-Rognon venait aux lèvres de sa compagne, il éprouvait comme un spasme douloureux qui lui froissait la poitrine.

— Ce qui préoccupe surtout ma maîtresse, reprit la paysanne, c'est la procédure qui se poursuit en ce moment contre vous à Chanonat.

Dimanche prochain aura lieu la seconde sommation des Templiers. Dites, messire, parmi les gentilshommes qui ont été vos amis, en connaissez-vous un qui vous soit assez dévoué pour prendre votre défense ?

— Non, répondit le fugitif d'un ton farouche.

— Eh bien ! le défenseur qui vous manque, si vous voulez, ma maîtresse vous le trouvera.

— Ah ! dit messire de la Roche-Amblard avec amertume, parmi les jeunes chevaliers qui ont accepté son servage sans doute ?

Puis, faisant un retour sur lui-même :

— Moi seul, hélas ! lié par un vœu inhumain, n'ai pas le droit de mettre mon épée au service de celle qui fut ma fiancée et d'arborer ses couleurs. Et je serais assez lâche pour appeler à mon aide un des hobereaux qui me volent une part de mon bonheur ?

La Nérelle arrêta un instant sur messire Hugues un regard de surprise et de reproche ; puis elle reprit :

— Parmi les jeunes seigneurs qui, comme vous

dites, ont accepté le servage de la dame de Mont-
Rognon, il en est un que vous connaissez. C'est
un brave et loyal chevalier, messire Michel
d'Opme. Sur un signe de ma maîtresse il ira, si
vous y consentez, répondre à la seconde citation
des Templiers de Chanonat, se porter garant de
votre honneur et demander pour vous le jugement de Dieu.

— Le seigneur d'Opme est sans doute le serviteur préféré de la châtelaine? demanda amèrement le proscrit.

— Ah! messire, murmura la Nérette, où vous
égare la jalousie!

— C'est vrai; je suis un misérable, dit messire Hugues en courbant la tête. Bonne femme,
dis à ma chère Louise qu'elle me pardonne.

— Croyez bien qu'elle ignorera toujours les
paroles qui vous ont échappé.

— Et qu'elle abandonne à son sort un malheureux qui au besoin saurait se défendre lui-même,
mais dont la vie ne vaut pas une goutte du sang
généreux qu'on pourrait verser pour le sauver.

A ces mots le proscrit s'élança à travers les
halliers.

VII

Le lever du soleil au puy de Dôme

C'est vraiment un spectacle magique.

Aux reflets d'un ciel d'un bleu sombre au zénith et qui, vers l'horizon, va en se dégradant jusqu'au vert d'azur, les pics et les dômes, les pentes boisées et les coteaux couverts de vignes sur lesquels ils sont assis, prennent d'abord des teintes où le brun, le vert, le cobalt, se mêlent dans des tons safranés d'une douceur et d'une harmonie merveilleuses. Le ciel est pur; l'air est doux et parfumé; les vapeurs endormies au fond des vallées semblent se réveiller au contact du vent du matin, et on les aperçoit partout monter au versant des montagnes. Partout les oiseaux chantent, les insectes bourdonnent, les feuillées des grands arbres s'agitent... La nature entière semble se préparer à recevoir le premier baiser de l'astre du jour.

Le ciel rougit à l'orient et peu à peu s'enflamme : c'est le soleil qui approche. Ses rayons atteignent déjà les nuées légères qui voltigent dans l'atmosphère et les colorent d'un vif incarnat.

A ce moment il s'est fait dans l'espace comme un silence solennel. La brise est tombée, oiseaux et insectes se sont tus ; l'air semble frémir ; il y a partout une sorte de vibration électrique ; une étincelle s'allume à l'orient : le roi du ciel a pris possession de la fertile Limagne.

Il en couronne d'un léger diadème rose-violet la plus haute cime, le puy de Dôme ; puis, à mesure qu'il monte à l'horizon, ses rayons atteignent tour à tour en s'abaissant le puy de Pariou, le nid de la Poule, le puy des Goules, le Grand-Sarcouy, les puys de Sanzy, de Chôpine, de Jumes, et, selon leur altitude ; tous ces mamelons chenus, dans les étroites vallées desquels s'abritent, parmi des massifs de sombre verdure, Orcines, Fontanas, Villars, — à gauche les hauteurs de Nohanent et de Durtol et les coteaux de Montjuzet et de Chanturgue, — à droite Gravenoire, Montaudoux, Mont-Rognon, Gergovia ; — au centre le Chasteix et le vallon de Royat.

Que si, de votre observatoire, vous jetez les yeux sur la Limagne, vous la voyez se dégager peu à peu des vapeurs de la nuit, sous le disque enflammé qui, au-dessus d'elle, s'élève insensiblement à l'horizon.

Au milieu un ruban d'argent qui scintille : c'est l'Allier.

Au loin de capricieuses silhouettes qui se dessinent en brun sur le ciel : ce sont les montagnes du Forez.

Toute cette partie du panorama ne s'offre à vous que par son côté non encore éclairé. Ce qui vous étonne, c'est la longueur démesurée des ombres que projettent les moindres accidents de terrain sous les rayons rasants du soleil.

Devant vous la Limagne en est rayée aussi loin que la vue peut s'étendre.

Derrière vous au contraire, vers Rochefort, Gelles, Pontgibaud, tout se dessine en relief, tout resplendit aux rayons du soleil, qui modèle en pleine lumière ce petit coin de l'ancienne Auvergne, si profondément bouleversé par les volcans.

Mais déjà le paysage a changé d'aspect ; les

ardeurs des journées estivales ont remplacé les fraiches et radieuses splendeurs du matin.

Après le retour de Carmentrand, les grotesques mômeries avaient recommencé dans la chapelle de Saint-Barnabé. Vêtu d'une chape noire, le sorcier de Rochefort avait célébré la messe à l'envers, sous les espèces d'un peu d'eau et d'un radis noir. A l'élévation, tout le monde s'était prosterné en criant :

— *Mouaître, checoura-me* (maître, secourez-moi).

C'est toujours M. Florimond de Rémond qui raconte.

A la communion on s'était partagé le radis noir, ainsi qu'une sorte de vin aromatisé qu'avait apporté Carmentrand.

Alors chacun s'était accommodé de son mieux pour dormir.

Il est généralement admis qu'au bon temps, au temps de la vraie sorcellerie, où l'on brûlait les sorciers, beaucoup d'adeptes de la science divinatoire étaient autant d'hallucinés auxquels on cherchait à faire voir en songe toutes les diableries qu'ils racontaient ensuite aux conseillers de la force de M. Florimond de Rémond.

C'est pourquoi on n'entendit plus bientôt, dans la chapelle de Saint-Barnabé, grâce à la boisson distribuée par Carmentrand, que les ronflements de gens qui, sous l'influence d'un narcotique, commencent à vaguer dans l'incommensurable et fantastique océan des rêves.

L'aube blanchissait par delà la Limagne, du côté des montagnes du Forez, quand toute cette satanique gueuserie s'éveilla, s'élança de la chapelle de Saint-Barnabé, semblable à une volée de hiboux que la lumière a surpris, et, se jetant à travers les rochers et les broussailles, disparut par tous les sentiers de la montagne.

Messire Hugues aussi s'était réveillé ; mais il resta à contempler l'admirable panorama qui s'offrait à ses regards, jusqu'à ce que le soleil eût complètement débarrassé des vapeurs du matin la forme svelte et nettement accusée du château de Mont-Rognon.

Aux premières lueurs du jour, le manoir des dauphins d'Auvergne avait pris d'abord les tons rutilants de la fonte rouge qui commence à s'éteindre. Le donjon avec ses bandeaux et son couronnement de pierres blanches, les logements groupés à l'entour, la forte enceinte de murailles qui le défendait, puis encore le pic sur lequel

toutes ses constructions étaient assises, continuè-
rent à blanchir vers l'est, tandis que la partie
occidentale restait chargée d'ombre, figurant
ainsi comme un blason mi-parti dans leur forme
aérienne. Le fier manoir semblait parfois s'ani-
mer quand les rayons du soleil, en tournant autour des créneaux, des tours, des mâchicoulis,
y dessinaient de larges traînées de lumière et
d'ombre.

A ce spectacle le Templier évoquait une foule
de souvenirs doux ou d'une poignante amertume.
Il revoyait les lieux où il avait passé son enfance,
la vieille cathédrale de Clermont, la maison sur
la porte de laquelle le blason de sa famille était
sculpté, et vis-à-vis, de l'autre côté du portail
du nord, celle qu'habitait l'archidiacre Jehan d'Allanche, où il avait connu Louise, où il avait vécu
des années et des années avec elle... où il l'avait
aimée !

Puis passa devant ses yeux, lugubre comme
une vision apocalyptique, la fête nuptiale qui les
avait séparés sans retour.

Mais une sorte d'exaltation fiévreuse s'empara
de lui quand, sur la plate-forme d'une des tours
qui commandaient l'entrée du château, il distin-
gua comme un point lumineux qui semblait se

mouvoir. Immédiatement son imagination donna à ce lointain scintillement la forme de la châtelaine de Mont-Rognon ; il revit sa tête charmante, ses joues si fraîches, ses yeux bleus si doux, sa blonde chevelure, sa démarche ondoyante...

— C'est elle, c'est Louise, murmura-t-il.

Il s'agenouilla et, s'appuyant sur un rocher, il resta immobile, ses yeux, baignés de larmes, tournés vers Mont-Rognon, jusqu'à ce que la gracieuse apparition se fût évanouie.

Se redressant ensuite et portant la main à son front, trempé d'une sueur froide :

— Oh! je la reverrai, s'écria-t-il, fallût-il pour cela braver mille morts. Je lui dirai mes regrets, mes malheurs, mes souffrances ; je lui ferai sonder l'abîme de misères où sa trahison m'a plongé, ne fût-ce que pour laisser avant de mourir un regret de plus au fond de son cœur !

VIII

Le prieuré de la sainte milice du Temple à Chanonat.

Parallèlement à la vallée de Beaumont et de Ceyrat, s'en ouvre, au sud-est, une autre plus étroite, où la petite rivière d'Auzon roule son eau torrentueuse de cascade en cascade.

Les hauteurs d'Opme les séparent.

Opme, — un groupe de maisons blanches et d'arbres verts, avec une grosse tour rouge au milieu, est une ancienne forteresse qui·a sa place dans l'histoire. L'invasion anglaise de la seconde moitié du quatorzième siècle est venue jusque-là. Opme fut pris par les Anglais en 1393 et immédiatement délivré par le maréchal de Sancerre.

D'Opme on descend à Chanonat à travers des saulées, des prairies, des vignes. Tout ce vallon semble particulièrement frais et lumineux : et Chanonat lui-même serait un délicieux village si la boue en hiver, la poussière en été, les enfants,

5

les vaches, les porcs, les poules, en tout temps des tas de fumier sans nombre, n'en rendaient la viabilité difficile.

Toutefois, au bout d'une ruelle écartée, la vue de deux portes gothiques, dont une à ogive en accolade surmontée d'un fleuron, vient captiver l'attention du touriste et le reposer de ses fatigues. On est sur le terrain d'un ancien prieuré de l'ordre de Malte, que celui-ci trouva sans doute, au quatorzième siècle, dans les dépouilles des Templiers.

Au fond d'une cour voisine, dont le sol est couvert d'une herbe fine et serrée, le château du prieur est encore debout : remarquable par une demi-tourelle à trois pans, avec une porte à fronton de forme antique, deux étages de fenêtres et une élégante petite lucarne historiée. Au fronton, sur une frise, on lit cette inscription, qui n'est évidemment qu'une imitation de l'antique :

Dans la frise au-dessus des pilastres :

Au génie d'Auguste.

Au-dessus de l'entablement de la porte :

Auguste, pieux, père de la patrie,
triumvir, trois fois consul (1).

_____

(1) A | Aug. Pius. PP. Tri. Coss. III | G

Plus bas, joignant le château, et en contre-
haut au-dessus d'un jardin, la maison capitulaire
montre ses trois étages de grandes fenêtres à
meneaux. Dans l'intérieur, vastes salles voûtées
en ogive, dont l'une servait de chapelle. Là sans
doute, à l'époque des Templiers, se faisaient les
réceptions ou plutôt les initiations de chevaliers... quand le *temple était couvert*, c'est-à-dire
quand toutes les portes étaient closes et les issues
gardées.

De là on descend par un glacis au prieuré
proprement dit, sur les bords de l'Auzon. Cette
retraite, jadis si redoutée, des troupes de blan-
chisseuses la font retentir aujourd'hui du bruit
de leurs cancans et de leurs battoirs. A l'entrée,
porche monumental à màchicoulis et cour dont
toutes les portes sont sculptées et blasonnées.

C'est pitié de voir, abandonnées à des paysans,
qui y vivent comme dans des chaumières, les
quatre ou cinq petites habitations qui la bordent,
vrais bijoux d'architecture. Au milieu de la cour
un cloaque, des fumiers devant chaque porte ;
ici des fagots, là des débris de *char*, ailleurs des
loques qui sèchent au soleil sur les écus, les sup-
ports, les casques à cimier et à lambrequins des
chevaliers. Vous montez par un de ces légers es-

caliers à spirale qui s'offrent à vous, et vous arrivez dans des cellules encombrées de choses sans nom, à voûtes en arête, dont chaque *arêtier* porte son feston de trèfles en pendentifs.

Tout un côté de la cour est bordé par une forte muraille dont les meurtrières en entonnoir commandent la rivière d'Auzon.

Partout aux alentours, d'étroits passages, des restes de glacis et de poternes. Des tours sont restées debout çà et là parmi les ruines.

A en juger par le style de l'architecture, il n'est resté, dans ces remarquables vestiges, que peu de choses des Templiers. Presque tout a été refait au quinzième siècle et au seizième par l'ordre de Malte. Mais si, à l'époque où se sont passés les événements de cette chronique, le style des constructions différait, si au lieu d'appartenir à la Renaissance il remontait au gothique primitif, la disposition des lieux devait être à peu près la même.

Le prieuré des Templiers de Chanonat n'en était que plus sombre et plus imposant.

La vue de ce vaste couvent militaire, enceint de fortes murailles, hérissé de tours, de flèches et de pignons, avait vraiment, au milieu du riant paysage qui l'entourait, quelque chose d'imposant et de sévère.

Là vivaient douze ou quinze religieux seulement, servis par au moins quarante frères. Ces gens-là ne parlaient à personne, ne communiquaient avec personne. Fiers de leur puissance et de leurs richesses, ils restaient seuls, toujours seuls, dans leur orgueilleux isolement. Si on les voyait parfois, c'était à cheval, exerçant leurs montures, chargeant ou poussant le cri de guerre, l'épée au poing ou la lance en arrêt. Quand apparaissait au loin leur tunique blanche, quand flottait au vent leur manteau orné d'une croix rouge, les manants s'arrêtaient pour les saluer, et se signaient en murmurant :

— Messire, Dieu vous garde !

Et le Templier sans répondre passait au galop de son cheval.

IX

Le défi.

Il y avait à Chanonat, outre la chapelle de la
maison capitulaire, une petite maison ouverte
aux fidèles que desservait un prêtre de l'ordre.
Or donc, ainsi que l'avait annoncé la Nérette à
messire Hugues de la Roche-Amblard, pendant
leur entrevue au puy de Dôme, le dimanche suivant, à l'issue de la messe dominicale, il se fit un
grand bruit de clairons aux alentours du prieuré.
Messire Guy d'Auvergne, grand commandeur
d'Aquitaine, à cheval et en harnais de combat, et

deux hérauts, dont l'un portait l'étendard de
l'ordre et l'autre une épée nue à deux mains,
vinrent se placer devant la porte de la maison
prieuriale. Un notaire s'avança, précédé d'un
héraut, et ce dernier appela trois fois par son
nom messire Hugues de la Roche-Amblard, soldat de la sainte milice du Temple, attaché au
prieuré de Chanonat.

Personne ne répondant, le notaire prononça
la formule suivante :

« Aujourd'hui 6 octobre de l'an de grâce 1507,
en la cour du prieuré de Chanonat, moi, Etienne
Redon, notaire et garde-notes dudit village et
châtellenie, à ce requis par messire Guy, de la
maison des dauphins d'Auvergne, grand commandeur de l'ordre de la sainte milice du Temple
pour la province d'Aquitaine, et par messire
Eymeric de la Rouët, prieur du susdit couvent
de Chanonat;

» Ai pour la seconde fois fait sommation à
frère Hugues de la Roche-Amblard, ayant trai-
treusement et contrairement à ses vœux déserté
son couvent, d'y rentrer sous huit jours;

» A peine d'être, après les trois sommations
légales, déclaré par le seigneur Guy sus-nommé,

assisté de messire de la Rouët, prieur, et en présence de tous les chevaliers dudit couvent de Chanonat, — déchu de son titre de soldat de la sainte milice du Temple et des droits et priviléges y attachés, — apostat, hérétique, relaps, et comme tel livré au bras séculier.

» A moins que ledit Hugues de la Roche-Amblard ne trouve un gentilhomme qui se porte son défenseur, et déclare le vouloir soutenir soit par les voies juridiques, soit par les armes, ainsi qu'il est d'usage en la chevalerie.

» Fait et signifié en la cour du prieuré de Chanonat, toutes portes ouvertes, les jours, mois et ans sus-déclarés. »

Pendant ce temps, un chevalier armé de toutes pièces et son écuyer descendaient au galop la principale rue de Chanonat et atteignaient le prieuré en quelques minutes. Il y avait foule en ce moment dans la cour, pour entendre la sommation du notaire. Quand la grande forme du chevalier vint s'encadrer sous le porche du couvent, une sourde rumeur courut parmi tout ce peuple, et il eût été difficile de dire s'il y avait dans ce murmure mécontentement ou satisfaction, car il s'en fallait que le fier isolement où vivaient les Templiers leur eût fait des amis.

Le chevalier qui venait ainsi hardiment répondre aux sommations des Templiers était un homme de belle taille, bien monté, bien équipé, bien armé. Il ne portait aucune armoirie sur son écu ; seulement on y distinguait un petit cadenas d'or que rattachait au bouclier une chaîne de même métal. Un bijou semblable s'enroulait autour de son poignet droit. Son écharpe, probablement aux couleurs de sa dame, était d'azur frangée d'argent.

Il s'était arrêté sous la haute porte à ogive ouverte à l'entrée de la cour, fièrement assis sur son destrier, la rondelle de sa lance qu'il tenait droite, appuyée sur sa cuisse.

— Monseigneur, dit l'écuyer en s'adressant à Guy d'Auvergne, mon maître le chevalier ici présent me charge de vous déclarer qu'il se porte garant de l'honneur de messire Hugues de la Roche-Amblard, et que pour obéir à Dieu et plaire à sa dame il le défendra jusqu'à la mort.

— Et comment s'appelle ton maître? demanda le commandeur d'un ton hautain.

— Il ne peut dire ni son nom, ni son titre, ni sa lignée ; il ne peut arborer ni ses armes, ni ses couleurs ; il est lié par une *emprise* dont ce cadenas d'or est le signe. Mais soyez sûr, messire, qu'il est de noble race ; quant à sa bravoure, il ne tient qu'au plus vaillant de vos chevaliers de l'éprouver à l'instant.

Un frémissement de colère parcourut le groupe des Templiers qui entouraient le commandeur d'Aquitaine.

— Qu'est-ce à dire? répliqua ce dernier. Penses-tu, malheureux, qu'aucun de mes chevaliers veuille s'exposer à croiser ainsi le fer avec un manant ou un païen? — Je ne vois pas d'ailleurs, ajouta messire Guy d'Auvergne avec une nuance d'ironie et de dédain, que la cause d'un moine apostat tel que frère Hugues puisse être portée ailleurs qu'au tribunal de l'ordinaire (de l'évêque) ou bien à celui du pape ; or, ni l'ordinaire ni le pape n'accepteront, que je sache, un défenseur, eût-il un cadenas d'or enchaîné à son écu, sans qu'il décline ses nom, prénoms et qualités.

Le chevalier mystérieux crut devoir intervenir.

— Nous ne voulons ni tribunaux ni procédure, interrompit-il. Il faudrait, pour y avoir recours, articuler des faits contre l'ordre du Temple, auquel messire de la Roche-Amblard appartient, et il lui répugne de le faire. Nous demandons le jugement de Dieu.

— Sur l'heure ! exclamèrent les Templiers présents; tous nous sommes prêts à mourir pour prouver que la milice du Temple est sainte.

Le chevalier au cadenas d'or avait tiré son gantelet ; il le jeta au pied du cheval de Guy ; mais ce dernier défendit qu'on le ramassât.

— Avez-vous un répondant qui garantisse que vous êtes noble de père et de mère? demanda-t-il au champion de messire Hugues.

— Oui.

— Qui donc?

— Guillaume, châtelain de Mont-Rognon.

Au nom de son neveu le commandeur tressaillit, mais sans trahir la moindre émotion :

— Messire, dit-il, si le châtelain de Mont-Rognon répond de vous, sans autre formalité nous acceptons le jugement de Dieu.

Il fit ramasser le gantelet du chevalier, et le présentant à ses Templiers :

— Qui le relève? demanda-t-il.

Tous avancèrent la main pour s'en saisir.

Mais Guy le fit remettre à messire Robert du Mesnil, dont la réputation de courage et d'adresse était grande parmi ses compagnons d'armes.

— Dimanche prochain, ajouta-t-il, à trois heures de relevée, le champ sera ouvert sur la rive gauche de l'Auzon, en amont de Chanonat; Frère Hugues de la Roche-Amblard pourra y comparaître soit de sa personne, soit par son défenseur, sauf pour ce dernier la garantie du châtelain de Mont-Rognon. Messire, vous aurez pour adversaire notre amé et féal chevalier Robert du Mesnil. Les armes : la lance, l'épée et la hache d'armes. On ne *donnera* point au cheval. Le champion de l'ordre du Temple attendra son adversaire jusqu'au coucher du soleil, après quoi il sera donné défaut.

Le chevalier au cadenas d'or tourna bride, fit piaffer un instant son destrier, et bientôt on entendit le galop du cheval retentir et se perdre peu à peu à travers les rues de Chanonat.

Les Templiers rentrèrent dans leur couvent en grand trouble. Les plus jeunes ne parlaient que de venger l'ordre par quelque mémorable coup de lance ou d'estoc; mais dans une des salles de la maison capitulaire, messire Guy d'Auvergne, le prieur Eymeric de la Rouët, Michel de Peyravols, visiteur de l'ordre, et le chevalier-prêtre Archibald de l'Estang, s'étaient réunis pour délibérer.

A ce moment, de violentes clameurs s'élevaient de tous les points de la France contre l'ordre du Temple.

On l'accusait des crimes les plus atroces.

— Encore un de ces misérables renégats, dit Guy d'Auvergne, qui s'efforcent de perdre notre sainte milice. Vous avez entendu les paroles de son défenseur : — que messire Hugues, pour ne pas être forcé d'accuser son ordre, ne veut ni tribunaux, ni procédure.

— C'est le scandale de l'apostasie de Nossi-Bey et du prieur de Montfaucon qui se renouvelle, ajouta le visiteur Michel de Peyravols, et finira par se propager dans toutes nos provinces si nous ne prenons des mesures énergiques.

— Il ne faut pas que ce combat ait lieu, reprit le prieur.

— Nous saurons où s'est refugié Hugues de la Roche-Amblard, dit le prêtre Archibald de l'Estang, nous le ferons enlever et l'enverrons dans quelqu'une de nos commanderies d'Espagne, où il lui sera fait prompte justice.

— Révérend, ajouta le visiteur Peyravols en s'adressant au prieur, vous devez avoir dans les environs des gens qui vous informent de ce qui peut intéresser l'ordre. L'apostasie de messire Hugues a fait grand bruit, on doit le connaître dans vos montagnes : mettez tous vos espions sur ses traces.

— Dès ce soir, répliqua le prieur, je le recommanderai à Carmentrand, le sorcier de Rochefort.

Le commandeur d'Aquitaine fit un geste d'assentiment.

— Et ce chevalier au cadenas d'or, qui peut-il être? demanda Michel de Peyravols.

— Ceci me regarde, fit observer le commandeur. C'est mon neveu Guillaume qu'il a pris pour répondant, et il m'a semblé que son écharpe était aux couleurs de Mont-Rognon. Je saurai quel est cet adversaire et qui nous l'a suscité.

Les autres Templiers s'inclinèrent.

Dès le lendemain, le commandeur apprit que le tenant du Templier renégat n'était autre que le châtelain d'Opme, et les habitudes de ce dernier chez ses voisins de Mont-Rognon étant connues, le commandeur n'eut pas de peine à deviner que c'était sa nièce qui avait trouvé ce défenseur à messire Hugues.

— Et Guillaume se porte garant de la noblesse du personnage! ajouta Guy d'Auvergne en secouant la tête. L'ex-fiancé, le servant, le mari, — comme notre chère châtelaine sait faire jouer à chacun son rôle !

Un instant il eut l'idée de perdre dame Louise d'Allanche ; mais, tout bien considéré, il préféra se servir d'elle pour faire tomber Hugues dans quelque embûche où il perdrait la vie.

FIN DE LA PREMIÈRE PARTIE

DEUXIÈME PARTIE

———

I

Clermont au quatorzième siècle.

Suspendons pour un instant le récit de notre vieux chroniqueur, et, pour rendre plus facile au lecteur l'intelligence des faits que nous allons raconter, esquissons en quelques lignes la physionomie de Clermont au commencement du quatorzième siècle.

Figurons-nous nos ruelles les plus tortueuses bordées à droite et à gauche de maisons gothiques, la plupart en bois, avec un premier et quelquefois un second étage en encorbellement.

Les boutiques sont au rez-de-chaussée, dans un enfoncement obscur; de deux maisons qui s'entre-regardent, aux étages supérieurs, on peut

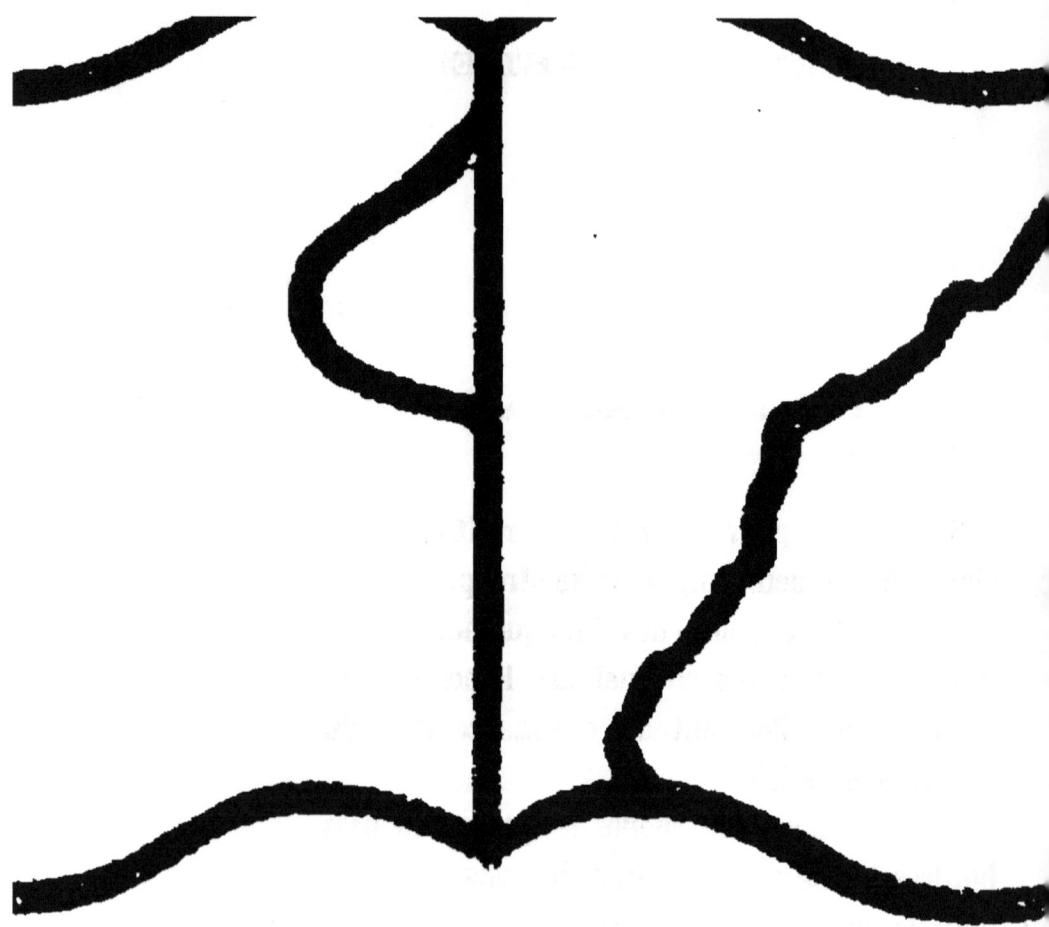

se donner la main à travers la rue; si peu que
les charpentes dont se compose la carcasse de
ces constructions s'écartent de leur aplomb, les
pignons tendent à s'appuyer l'un à l'autre et à
marier les épis qui les surmontent.

Maintenant, ce labyrinthe de ruelles, d'impas-
ses, de passages voûtés, enfermons-le dans une
double ligne de fortifications aux tours sourcil-
leuses, aux noires courtines; l'une qui couronne
la haute ville, la Cité, — celle-ci percée de cinq
portes; — l'autre, non moins formidable, avec
douze portes, pour la défense desquelles on avait
épuisé toutes les ressources du génie militaire de
l'époque, et qui suivait à peu près la direction de
nos anciens boulevards.

Entre ces deux enceintes, d'innombrables toi-
tures qui marient leurs festons aux lignes arrêtées
des donjons et des créneaux; des flèches d'église,
des clochers; au sommet la cathédrale, moitié
gothique et moitié romane... Tel était Clermont
au quatorzième siècle, assez semblable à ces villes
allemandes qu'aimaient à représenter les vieux
maîtres de l'école de Cologne, surtout Albert
Dürer, lequel a décoré de leurs fines silhouettes
les perspectives de ses tableaux et de ses innombrables gravures.

Dans cet énorme amas de pierres étouffait une population d'à peu près quinze mille âmes.

A Dieu ne plaise que nous essayions de faire pénétrer le lecteur dans les humides catacombes où grouillaient pêle-mêle bourgeois, manants et vilains. Quant au sommet de la colline, c'est-à-dire à la *Cité*, où il y avait de l'air, du soleil et de l'espace, deux seigneurs féodaux se l'étaient partagée. Au chapitre cathédral appartenaient les terrains compris entre la place dite *Devant-Clermont*, la rue Tour-la-Monnaie, la rue de la Coifferie, la rue Tranchée-des-Gras et la rue des Chaussetiers ; à l'évêque tout le plateau de la Cité, où étaient situés du côté sud, en bordure sur la place Royale actuelle et la rue Massillon, son palais, son officialité, ses prisons ; — et dans diverses tours les logements de son lieutenant civil ou bayle *(bajulus)*, de son bailly, juge et chef militaire *(ballivus)* et de son prévôt, commandant des milices épiscopales, — ainsi que le vaste jardin attenant à l'évêché (1).

(1) Tous ces terrains avaient été donnés, en l'an 1031, à l'évêque Rencon et aux chanoines de la cathédrale, par Guillaume, comte d'Auvergne, dame Philippie, sa femme, et leurs enfants Estienne, Robert et Guillaume.

A quelques habitations nobles était réservé le côté nord de la place *Devant-Clermont*. Tout porte à croire qu'à proximité se trouvait aussi la Maison commune, où, d'après une charte octroyée en 1220, les consuls de la ville avaient le droit d'habiter, de coucher, d'appeler au moyen d'un beffroi les manants à la rescousse... et la chapelle Notre-Dame-de-Grâce, lieu habituel des grandes assemblées du corps de ville et de la bourgeoisie.

De là les actes dits *de chapelle*.

Venaient ensuite, à l'extrémité de la place, sur l'emplacement de l'Hôtel-de-Ville actuel, le château de Clermont, dans une position escarpée, et sa poterne. L'évêque y entretenait un commandant et des hommes d'armes, depuis qu'à la faveur des querelles du roi Jean d'Angleterre et de Philippe-Auguste, l'évêque Robert était parvenu à s'emparer du comté de Clermont, sur son frère Guy II d'Auvergne.

Vis-à-vis du château, les notaires avaient leurs études et probablement le bureau de leur corporation.

Or, qu'était cette place si bizarrement nommée *Devant-Clermont*, où se trouvaient la Cathédrale, la Maison commune, le Château, la Chambre des notaires et où les principaux de la noblesse s'enorgueillissaient d'arborer leur blason sur le tympan de leurs portes en ogive ?

Un cimetière !!!

Du côté des Gras, sous les tours massives de l'ancienne église de Saint-Namace, encore un cimetière, de la terre aussi chèrement achetée que celle du Campo-Santo de Pise, où dormaient vingt générations et qui empestait l'air de ses émanations.

Et il y avait des époques — cela arrivait alors deux fois l'année, à l'Assomption et le jour de la Cène — où ces champs de morts se convertissaient en champs de foire, s'encombraient de vendeurs et d'acheteurs, où le repos des trépassés était troublé « par les juremens et préjuremens » de cette foule, uniquement préoccupée de son trafic.

On vendait les harengs sur les tombes des *Grands Gras* (des Grands-Degrés) ; près de là les regrattiers étalaient leurs restes ; les fripiers, les ferrailleurs, les cordiers en neuf et en vieux, les *savatiers* avaient aussi leur place. Il y avait encore celle des pourceaux, celle de la draperie fine, celle de la batterie d'airain. Non contents de vendre la terre aux morts, messieurs du chapitre cathédral la louaient encore aux vivants. La *leyde* et le *terrage* (droit de location et de vente) leur appartenaient.

Quand on se hasarde à creuser un peu profond cette époque du moyen-âge, il s'en exhale nous ne savons quelle affreuse émanation de misère et de lèpre.

Est-il étonnant qu'à la Renaissance, quand l'humanité se réveilla de son sommeil dix fois séculaire et se contempla elle-même, selon l'expression de Michelet, elle ait eu peine à se reconnaître ?

II

Le sire de Mirasol.

Sur les limites des territoires de Ceyrat et de
Beaumont, dans un étroit carrefour qui s'ouvrait
entre des propriétés contiguës, et où le ruisseau
de Beaumont épandait son eau diamantée sur une
herbe vert d'émeraude, se passait en ce moment
une scène curieuse de mœurs féodales.

Il était environ dix heures du matin; un
homme vêtu du costume que les anciens manus-
crits prêtent d'habitude aux trouvères, justaucorps noir, chausses noires, cap et toquet noirs,
avec une vielle suspendue sur le dos, était venu
s'y asseoir; et là, plongé dans une contemplation
muette, il regardait Mont-Rognon, dont les cour-

tines, les tours d'angle et le haut donjon, tout enveloppés de lumière par cette belle matinée d'automne, découpaient sur le ciel bleu leurs grandes formes aux teintes safranées.

On entendait le bruit d'une chasse à courre à quelque distance.

Tout à coup il se fit comme un brusque frôlement dans les vignes, d'où débûchèrent à la fois, cinq ou six chiens courants.

A la vue de l'étranger, ils ne se contentèrent plus de donner de la voix, ils se mirent à hurler comme s'ils eussent trouvé le gite encore chaud d'un fauve, et à tourner autour de l'inconnu.

Après quelques instants de ce manége, la meute se rapprocha, et les chiens les plus hardis commencèrent à montrer les dents.

On entendait à travers la feuillée :

— Tayau, tayau ! Hardi, Pataud ! hardi, Têtard ! Noiraud, va donc, paresseux !

C'était le chasseur qui excitait sa meute.

Un énorme saintongeois, au pelage couleur de feu, effleura de ses crocs une des jambes du voyageur.

Alors celui-ci se leva, saisit un bâton de cinq pieds environ de longueur, qu'il avait à portée de sa main, et par un moulinet rapide éloigna un peu les chiens qui, se voyant ainsi attaqués, redoublèrent de fureur.

Mais les coups se mirent à pleuvoir sur eux dru comme grêle. En un instant la meute eut disparu en poussant des cris d'angoisse.

Aussitôt un homme se précipita au milieu du carrefour. Deux autres individus le suivaient, dont un chargé de cordes à nœuds coulants.

Le premier pouvait être âgé d'environ trente ans. C'était un vigoureux gaillard, grand, bien membré, épais d'encolure, au visage rugueux, à l'œil gris, au nez aquilin. Il était légèrement vêtu de chausses brunes et d'un justaucorps de laine verte, serré autour de la taille par une large ceinture de cuir. Il semblait arrivé au paroxysme de la colère ; son visage était pourpre, et son regard étincelait sous l'aile de son feutre.

— Ah ! gredin, s'écria-t-il en menaçant l'étranger d'un fouet de chasse qu'il tenait à la main, c'est ainsi que tu arranges mes chiens ?

— Et que je t'arrangerai, s'il le faut, toi-même qui traîtreusement les lances aux jambes des passants.

— Moi ? dit le nouveau venu. Par le diable ! voilà qui est un peu fort. Je m'en vais t'apprendre à qui tu as affaire. Tu vois ces deux hommes : l'un est mon prévôt, et l'autre, celui qui porte les harts, son valet. Ce dernier va te pendre.

— Et toi, qui es-tu ?

— Le châtelain de Mont-Rognon.

C'était, en effet, messire Guillaume qui était sorti pour s'informer exactement du jour où l'on ferait vendanges à Beaumont, ayant à ce sujet quelque différend à régler avec Mme l'abbesse des Bénédictines, et courir sus, par la même occasion, aux braconniers qui pendant la nuit auraient pu se permettre de *lacer* ses lièvres ou de panneauter ses perdrix.

— Un dauphin d'Auvergne, alors, reprit l'inconnu, qui t'amuses à faire pendre les gentilshommes qui passent sur tes terres. Eh bien ! messire, pour un seigneur d'aussi noble maison, ventre de biche ! vous faites un vilain métier.

— Ah ! reprit le châtelain un peu radouci, tu es gentilhomme ?

— Gaspard de Mirasol, répondit le voyageur : un des plus célèbres trouvères du Midi.

Messire Guillaume s'occupait en ce moment de calmer ses chiens à grands coups de fouet.

— Fainéants, couards, vous tairez-vous ? leur

criait-il. Vous n'êtes bons qu'à aboyer et à recevoir des coups. Tout beau, Têtard ! par ici, Noiraud ! Ture de malheur, finiras-tu ! *Jeantou*,
couple-moi ces enragés.

Jeantou était le valet du prévôt.

Se tournant ensuite vers l'étranger :

— Gaspard de Mirasol ! poursuivit Guillaume,
je ne connais pas de famille de ce nom.

Un léger sourire effleura les lèvres du trouvère.

— Quant à la noble profession que vous exer-
cez, continua le châtelain, il fut un temps où elle
était en grand honneur à Mont-Rognon.

— A l'époque du premier dauphin, repartit
l'étranger.

— Mais, vous l'avouerai-je ? c'est une tradition
qui s'est perdue, quoique notre chère châtelaine
ait quelques prétentions à la gaie science et que
nos jeunes chevaliers du voisinage s'obstinent
encore à voir en elle une reine d'amour et de
beauté. Cependant, messire, reprit le châtelain
avec courtoisie, puisque vous êtes trouvère,
comme la caque sent toujours un peu le hareng,
il ne sera pas dit que vous ayez passé devant le
château des dauphins sans qu'on vous y ait fait
politesse. Je vous invite à dîner.

L'étranger salua.

— Il doit être midi ; montons là-haut, ajouta Guillaume.

Il passa familièrement son bras sous celui du trouvère, et tous deux se dirigèrent vers Mont-Rognon, suivis du prévôt et de son valet.

Il faut dire que les gens de messire Guillaume, connaissant ses habitudes et sachant qu'il n'aimait pas attendre, guettaient son retour, car, à son approche, le pont-levis s'abaissa de lui-même, la herse fut levée. Le châtelain entra, traversa l'étroite cour de la maison seigneuriale, monta au premier étage, passa sous la galerie qui menait à ses appartements particuliers et à ceux de la châtelaine, et pénétra dans la salle à manger comme un carreau d'arbalète.

Le couvert était mis ; on venait de placer sur la table un énorme plat de bœuf bouilli et de légumes. Une façon de rustre était debout, une gaine de maître d'hôtel suspendue à la ceinture, à côté de la chaise à dossier du châtelain, prêt à remplir auprès de lui les fonctions de sénéchal, de panetier et d'échanson. Par bonheur messire Guillaume n'avait pas besoin de tant d'officiers. Il savait se servir lui-même.

On menait d'ordinaire une vie très-commune dans les châteaux de la moyenne et de la petite noblesse. Tout y était servi abondamment, mais avec une simplicité que le plus mince bourgeois de notre temps trouverait grossière. Les habitudes des gentilshommes campagnards se rapprochaient de celles des paysans parmi lesquels ils habitaient.

Messire Guillaume s'assit, prit sa serviette de toile bise, versa d'un pichet de grès gris plein un hanap de vin, qu'il vida, mit une large tranche de bœuf avec une forte portion de choux, de raves et de carottes sur son assiette de terre vernissée, et poussa sans façon le plat d'étain d'où il avait tiré cette plantureuse nourriture vers son hôte en disant :

— Servez-vous.

Immédiatement il attaqua son bouilli avec un appétit formidable ; après le bouilli vint une matelotte de tanches au vin blanc, fortement épicée ; après la matelotte, une tranche de chevreuil à la sauce poivrade. Le châtelain fit grand honneur à tous ces mets : il vida trois pichets pour les arroser ; de temps à autre il s'interrompait pour narguer son convive.

— Eh ! messire le trouvère, disait-il, l'appétit ne va donc pas ? Vous mangez comme une ablette et vous buvez comme une poule ; il faut qu'une goutte chasse l'autre. On voit bien que l'air de Mirasol est moins vif que celui de Mont-Rognon. Corne de bœuf! nous dévorons ici.

Le trouvère, en effet, semblait être un homme de mœurs relativement élégantes, qui prenait sa réfection proprement et discrètement. On voyait en outre que l'absence de la châtelaine le préoccupait; son regard venait à chaque instant s'arrêter sur la place de dame Louise, restée vide.

Messire Guillaume s'en aperçut.

— Ah! galantin que vous êtes, poursuivit-il gaiment, c'est notre chère châtelaine qui vous manque. En effet, pour un trouvère qui visite Mont-Rognon, partir sans avoir rendu ses hommages à la dame d'amour et de beauté, ce serait cruel. — Antoine, continua-t-il en s'adressant à son valet, fais demander par la Nérette à ma femme si elle peut descendre un instant.

Mais la châtelaine refusa sous prétexte qu'elle faisait ses dévotions.

— Bon, dit le seigneur de Mont-Rognon, les femmes ont toujours quelque patenôtre à dire. Excusez-nous, messire, vous reviendrez demain. Il se passera quelque chose de drôle ici, vous verrez; peut-être il y aura pour vous de quoi *cantar* et de quoi *violar* (1).

Messire Guillaume acheva de vider son assiette.

— Qu'avons-nous encore? demanda-t-il à son agreste majordome.

— Un rôti de perdreaux, répondit ce dernier.

— Tu diras qu'on le serve dans dix minutes.

Il recula sa chaise, se renversa sur le dossier, s'y accota câlinement, plaça une de ses jambes en travers sur l'autre et fourra les deux mains dans sa ceinture de cuir.

(1) *Violar*, jouer de la vielle.

III

La légende de Peyrols d'Auvergne.

— Maintenant, dit messire Guillaume, nous avons un instant pour causer.

— Oui, causons, répondit le trouvère.

— Messire de Mirasol, reprit le châtelain, je vous crois un homme expert en toute sorte de *clergie*; mais vous ne vous êtes pas uniquement occupé de gaie science. Il me semble que vous avez cultivé un autre art.

— Lequel? demanda l'étranger.

— Celui de jouer du bâton.

— En effet, le bâton est un instrument dont je me pique de savoir jouer avec quelque supériorité.

— Je le crois bien, témoin la volée qu'ont

7

reçue mes chiens. Comme cela se détachait!
comme c'était distribué! Pataud, qui ne s'étonne
pas facilement, en était ahuri. Mais je sup-
pose, messire, qu'étant aussi fort au jeu du bâton,
vous n'êtes pas trop novice à l'escrime de l'épée à
deux mains.

— Oui; l'épée à deux mains est encore un
outil dont j'ai la réputation de savoir me servir.

— Sacrebleu! Mirasol, quel dommage que
j'aie tant à faire ce soir au château, et que je
craigne de troubler ma femme dans ses dévotions;
sans cela j'aurais fait volontiers votre partie. Je
connais un petit coup de hanche, oh! mais là
ce qu'on peut appeler un joli coup... Au défaut
de l'armure: pour peu que les gardes ne soient
pas solides, trois fois sur quatre on tue son
homme. Je vous montrerai cela demain, quand
vous viendrez. Allons, Antoine, le temps presse;
sers-nous les perdreaux.

En disant ces mots, le châtelain se remit à
table.

Il plaça un perdreau sur l'assiette du trouvère
et un autre sur la sienne. Pendant ce temps on
leur versait d'un petit vin vieux de Beaujolais,
dont messire Guillaume, quand il était de bonne
humeur, se plaisait à régaler ses convives.

Il se remit à manger avec un redoublement d'appétit ; le trouvère lui-même, affriandé, parut vouloir lui tenir tête.

— Allons, bon, disait le châtelain, à présent que vous semblez vous mettre en train, Mirasol, si vous savez quelque vieille histoire d'amour ou de chevalerie sur Mont-Rognon, le moment est venu de la raconter.

— Que vous dirai-je ? répondit le trouvère. Voulez-vous savoir comment noble et vertueuse dame Assalide de Claustre, sœur du premier dauphin d'Auvergne, fut aimée par le célèbre trouvère Peyrols d'Alvergne, la jalousie qu'en éprouva le mari de cette dame et ce qu'il en advint ?

— Oui, oui, qu'en advint-il ? demanda messire Guillaume en se versant à boire.

Gaspard de Mirasol raconta de quelle façon Peyrols d'Alvergne fut reçu au château de Mont-Rognon, vit la belle Assalide, mariée à Béraud Ier, sire de Mercœur, et en devint éperdûment amoureux.

Dame Assalide aussi était éprise du trouvère ; elle le rudoyait pourtant, d'autant mieux peut-être qu'elle se sentait entraînée vers lui par son cœur. Ainsi maltraité, Peyrols se mourait

d'amour. Le Dauphin en eut pitié ; il supplia sa
sœur d'avoir pour le pauvre garçon un peu d'indulgence, de lui accorder quelques privautés...

Jusque-là messire Guillaume n'avait prêté au
récit du trouvère qu'une attention distraite ;
souvent même il l'avait interrompu pour hâter
son récit, en disant :

— Et après, Mirasol? Et puis encore?

Mais l'intervention du Dauphin dans les petites
affaires du trouvère et de la dame de Mercœur
l'étonna. Il posa sur son assiette la perdrix qu'il
était en train de dépecer, et, faisant vibrer les
cordes les plus basses de sa voix :

— Ah ! bah ! murmura-t-il.

Dans la légende de Peyrols d'Alvergne, dame
Assalide accède volontiers au désir de son frère.
Peyrols revient à la vie ; mais voici venir le sire
de Mercœur qui ne prend pas du tout la chose
comme son beau-frère et se fâche tout rouge.
Scène entre lui Peyrols, et la belle Assalide.

Guillaume se passionnait pour le sire de Mercœur, et chaque fois que le trouvère prêtait quelque parole énergique à ce dernier :

— Bravo ! Mercœur, exclamait le châtelain en
frappant de son poing fermé sur la table, tape
sur ce Peyrols, tape dessus !

— Alors, par égard pour son beau-frère, continue la légende, craignant d'ailleurs que l'amour d'Assalide et de Peyrols dégénérât en *vilenie*, le dauphin éconduisit poliment son poète.

— Mauvais dénouement! s'écria Guillaume ; c'était en le faisant sauter par-dessus les créneaux de Mont-Rognon qu'on aurait dû éconduire ce trouvère mal appris.

Il se leva et demanda à laver.

— Vous réciterai-je à présent, continua Gaspard de Mirasol, le *sirvente* du Dauphin contre l'évêque de Clermont, Robert, son cousin?

— Par le diable! ce serait peut-être de circonstance, répondit Guillaume. Il y a, je pense, dans les couplets satiriques de mon aïeul plus d'un trait à l'adresse de Mgr Aycelin.

Le trouvère avait pris sa vielle et s'essayait à préluder. Mais Guillaume l'arrêta.

—Assez pour aujourd'hui, messire, reprit-il, vous êtes décidément un gai compagnon. A demain : ma femme aura fini ses dévotions et peut-être donnera-t-on par ici quelques coups d'estoc et de taille que vous ne serez pas fâché de voir.

A ces mots, le châtelain congédia son hôte.

Celui-ci descendit la chaussée du pont-levis, non sans se retourner souvent pour voir la petite

maison qu'il venait de quitter et dont on apercevait les combles historiés par-dessus les
murailles.

— Demain ! disait-il à part lui. Oh ! comment
affronterai-je son regard? Et que serait-il arrivé,
il n'y a qu'un instant, si elle fût venue s'asseoir auprès de moi. Malheureux ! je me serais
trahi ; je me serais fait éconduire, comme l'entend ce rustre.... par-dessus les merlons de sa
bicoque.

En effet, le trouvère ne pouvait plus prétendre
ignorer la façon dont messire Guillaume saurait
au besoin défendre son honneur.

IV

D'une notable pillerie que fit le châtelain de Mont-
Rognon sur les dîmes de Mme l'abbesse de Beaumont.

Ce jour-là, 9 octobre, on vendangeait sur le
territoire de Beaumont. Aux alentours du village
les chemins étaient encombrés de travailleurs et
de *chars.* Depuis le matin une grande animation régnait parmi ce peuple qui, après une année d'attente, venait recueillir tout ce que lui
avaient laissé des fruits de son labeur, la gelée,
la grêle, la sécheresse et les collecteurs non
moins incléments du roi, du seigneur et du prêtre. Cette année-là du moins la récolte était su-
perbe.

On s'était levé de grand matin au château de

Mont-Rognon. Grand émoi partout, dans les écuries, dans les cours, dans les cuisines. On avait pris le repas du matin en toute hâte ; varlets et gens d'armes achevaient de s'équiper, de seller les chevaux. C'est qu'il y avait prise d'armes générale pour la garnison.

Car messire Guillaume était un homme hardi, turbulent, querelleur même et prompt à en venir aux coups. A qui en avait-il ce jour-là? Personne ne le savait, pas même sa gentille femme, qui lui avait épargné déjà bien des sottises.

Mais il avait soin de lui cacher celles au sujet desquelles il ne voulait admettre aucune observation ; et c'étaient toujours les plus grosses.

Il n'avait encore revêtu que la partie la moins gênante de son harnais de guerre, les jambières et les cuissards ; mais son justaucorps de buffle indiquait assez qu'il allait s'armer de pied en cap. En attendant il allait et venait à travers les cours et les passages sans nombre de son manoir, exhortant tout le monde à se hâter... à grands coups de fouet, selon son habitude.

Pendant ce temps se rangeaient un à un devant la porte du château quinze à vingt chars de paysans, commandés ce jour-là pour une corvée extraordinaire.

À sept heures tout fut prèt. Le pont-levis de la forteresse s'abaissa, et on vit sortir messire Guillaume, portant un simple plastron à gorgerin au lieu de cuirasse, et sur la tête un léger morion. Derrière lui marchaient dix lances et leurs servants d'armes, et environ cinquante archers, armés de bonnes épées et d'une grosse arbaléte à cranequin. Chacun d'eux portait deux paquets de carreaux suspendus à la ceinture. La petite armée du seigneur de Mont-Rognon comptait en tout quatre-vingts hommes.

Les chars de corvée suivirent.

On se disait en voyant sortir messire Guillaume en cet attirail : — Sur qui va-t-il tomber?

Et, comme aux approches d'un ouragan, chacun de charger sa vendange au plus vite, à mesure qu'on la cueillait, et de la rentrer.

On sut bientôt sur qui le châtelain allait tomber.

Au bout du sentier en pente douce qui menait à sa forteresse, il tourna à droite, gagna le chemin de Ceyrat, passa devant ce village, descendit vers Beaumont et vint s'arrêter sous les ombrages du petit vallon alpestre que forme celui des affluents de l'Artier qui prend sa source vers Laschamps.

Là, il rangea au bord du chemin ses lances en bataille, flanquées de deux détachements d'archers.

Et, sur la chaussée de la même route, deux cavaliers en vedette commencèrent à arrêter les chars de vendange qui se dirigeaient vers Beaumont. On se saisissait des piqueurs de bœufs et on leur demandait, avec force juremenls et menaces, si parmi leurs *bacholles* (1) il y en avait quelqu'une qui représentât la dime de Mme l'abbesse des Bénédictines de Beaumont.

Naturellement le paysan, qui ne savait pas de quoi il retournait et ne tenait point à paraître avoir voulu priver Mme l'abbesse de son dû, montrait les bacholles destinées au couvent, ou bien déclarait quand et comment il avait acquitté la dime. On ne le chicanait pas à ce sujet; mais les bacholles destinées à Mme l'abbesse, le seigneur Guillaume s'en emparait et en donnait hardiment quittance.

Les chars qu'on reconnaissait pour appartenir à l'abbaye étaient également saisis.

(1) Petites cuves en bois de forme elliptique, propres à contenir la vendange.

Pendant ce temps les gens du châtelain parcouraient les vignes, veillant à ce qu'on mit à part les dîmes de l'abbesse, et surtout à ce qu'on ne fraudât pas sur la quantité ; puis chargeaient les bacholles sur les chars de messire Guillaume.

Quant aux collecteurs de l'abbaye qu'ils rencontraient, ils leur faisaient rudement le *pourchas* à coups de bâton.

Le motif qui poussait le châtelain de Mont-Rognon à agir de la sorte était que Mᵐᵉ l'abbesse de Beaumont détenait certaines terres que messire Guillaume prétendait relever de sa châtellenie. Il y avait eu procès entre eux, à ce sujet, par devant le bailli d'Auvergne ; la cause était venue en appel jusqu'au parlement de Paris, et messire Guillaume avait perdu devant les deux juridictions. Il avait même été condamné, à cette occasion, à cinq cents livres d'amende pour irrévérence envers M. le bailli royal. Alors le digne seigneur avait pris le parti de se faire justice lui-même.

Le pillage dura jusqu'à quatre heures de relevée sans obstacle.

A ce moment, on vint dire à messire Guillaume, de la part de la châtelaine, qui de la *guette* du donjon faisait surveiller la campagne, qu'une

troupe nombreuse de gens armés se montrait du
côté de Clermont.

— Bon, répondit-il, l'évêque Aycelin s'en
prend à moi ; nous allons lui apprendre à se
mêler de ce qui le regarde.

Comptant bien cette fois que dame Louise aurait fini ses dévotions, et curieux de voir les coups
d'estoc et de taille dont lui avait parlé messire
Guillaume, le sire de Mirasol, toujours de noir
vêtu, et sa vielle sur le dos, se dirigeait en toute
hâte vers Mont-Rognon.

Quelques instants auparavant, à l'endroit où
venait aboutir, sur la route même qu'il suivait,
un chemin de traverse qui menait directement les
piétons au pont-levis du château, un paysan d'un
certain âge s'était assis sur un pan de muraille au
bord d'un champ.

Appuyé des deux mains à un gourdin, clignant
des paupières et imprimant à sa tête, abritée
sous un large feutre, un mouvement d'oscillation
régulière, il semblait guetter le voyageur.

— *Bonjour, le vielleux* (bonjour le vielleur),
lui dit-il, quand celui-ci fit mine d'abandonner
la route pour monter directement au château.

— Bonjour, maroufle, répondit sèchement le poète.

— *Ente na vous couma quon* (où allez-vous comme cela), brave homme ?

— Que t'importe !

Le paysan baissa la tête, ferma les yeux, fit siffler l'air entre ses lèvres, qu'il allongea en forme de tuyau d'orgue, et, montrant son œil gris clair sous l'aile de son feutre :

— C'est que, voyez-vous, vielleux, reprit-il, si vous allez au château pour *ben canta, ben viola, ben mangea et ben beire* (bien chanter, bien jouer de la vielle, bien manger et bien boire), comme font vos pareils, vous vous trompez fièrement.

— Qu'en sais-tu, coquin ?

— Ecoutez, écoutez un peu du côté de Beaumont. Entendez-vous tout ce monde *qué crida, qué piallia* (qui crie, qui piaille) : c'est le seigneur de Mont-Rognon qui est en train de faire de mauvaise besogne.

— Ah ! pensa le sire de Mirasol, voici les coups d'estoc et de taille annoncés.

— Et quelle mauvaise besogne ? demanda-t-il.

— *Y rouba* (il vole) les dimes de Mme l'abbesse de Beaumont.

Le trouvère ne se lassait pas de regarder son

interlocuteur. Il lui semblait que cette face de
montagnard madré et *blagueur* ne lui était pas
inconnue. Mais il eut beau rassembler ses souvenirs, il lui fut impossible de se rappeler où et
à quelle occasion il l'avait vue.

Le paysan poursuivit d'un air narquois :

— Il n'y a pas de danger que le bon châtelain
songe aujourd'hui à écouter et à régaler *lou fei-
gnants* qui, comme vous, courent les châteaux
pour y trouver leur pitance.

— Mais quel est ce gueux? pensait l'inconnu.

— Au fait, ajouta le paysan toujours en raillant, vous pouvez bien aller à Mont-Rognon
quand même, *vielleux*. Vous y trouverez la jeune
châtelaine Louise d'Allanche, pour écouter vos
fariboles et vous offrir l'hospitalité en l'absence
de son mari.

— Sais-tu quelle envie me prend? interrompit
le trouvère.

— Dites toujours.

— Celle de te casser ma vielle sur le dos.

— Eh! bon Jésus! si vous cassiez votre vielle,
de quoi vivriez-vous ensuite, *galoïe* (1)?

Et le paysan se mit à remonter vers Opme,

_____

(1) *Niais*. C'est le mot français *Gallois, Breton.*

tandis que son interlocuteur gravissait le sentier qui menait au pont-levis de Mont-Rognon.

A quelque distance le paysan se retourna et, s'étant assuré que le jeune homme à la vielle se dirigeait vers le château, il se cacha dans une vigne et se tint en observation.

— Va, pensait-il, trouvère de malheur; fourre-toi dans le guêpier de monseigneur Guillaume: tu verras qu'on y entre plus facilement qu'on n'en sort.

Puis, quand eut retenti le cor au moyen duquel les étrangers avaient coutume de demander l'entrée d'un château; quand le pont-levis de Mont-Rognon se fut abaissé et se fut relevé avec son cliquetis énorme de ferraille; quand il fut certain, en un mot, que le trouvère était enfermé dans le château, le paysan quitta son poste d'observation, gagna un champ voisin, débarrassa de ses entraves un petit cheval de montagne qu'il y avait mis au vert, l'enfourcha lestement et, lui pressant les flancs du talon de ses sabots, partit à fond de train dans la direction de Chanonat.

V.

De ce qui se passe entre le trouvère et la châtelaine.

L'alarme était au château de Mont-Rognon. Toute la petite garnison qu'y avait laissée messire Guillaume était sur le qui-vive. On avait assigné à chacun son poste de combat en cas d'alerte ; la porte du château était étroitement surveillée ; et pour rendre toute surprise impossible, au sommet du donjon, dans une guérite qui recouvrait de sa petite calotte hémisphérique l'escalier secret de la tour, un guetteur observait au loin la campagne, surtout du côté de Beaumont.

La dame de Mont-Rognon elle-même et quelques personnes de sa famille qui habitaient en ce moment le château, étaient montées à l'étage supérieur du donjon, et là, abritées par d'étroites meurtrières, elles interrogeaient curieusement les terres du voisinage, dont les accidents, vallons, collines, hauts plateaux, s'effaçant à leurs yeux par l'effet de la perspective, apparaissaient comme une nappe immense de verdure, coupée çà et là par des chemins gris et des cours d'eau tantôt glauques et tantôt miroitants.

La dame de Mont-Rognon et ses hôtes suivaient depuis près d'une heure les divers incidents de la bagarre que messire Guillaume avait engagée du côté de Beaumont. Tous étaient consternés; car c'était une bien grande hardiesse pour un aussi petit seigneur que le châtelain de Mont-Rognon de braver les arrêts du Parlement et de s'en prendre en même temps au Roi et à notre sainte mère l'Église. En ce moment le castel des dauphins devait trembler sur ses assises de lave.

Dame Louise et les personnes de sa compagnie interpellaient souvent le guetteur pour savoir si quelque parti d'hommes d'armes ou de gens des milices bourgeoises, n'accourait pas pour s'opposer à l'équipée de maître Guillaume; mais jamais le guetteur ne voyait rien venir...

Si ce n'est un char qui, d'instants en instants,

traînait péniblement vers la forteresse la vendange prise sur les rentes de Mme l'abbesse.

Cependant, vers quatre heures, un homme
tout de noir vêtu fut signalé sur le chemin d'Opme
et, quelques minutes après, le bruit d'un cor se
fit entendre du côté du pont-levis.

— Ah! dit dame Louise, ce doit être le trouvère qui a dîné hier avec mon mari.

Et elle descendit en toute hâte pour congédier
l'importun.

Le sire de Mirasol fut introduit près d'elle dans
le salon de réception de l'habitation seigneuriale.

C'était une vaste salle lambrissée de noyer à
filets d'or, et meublée de vingt chaises à dossier et
à couvre-chef ajouré, dont une, plus élevée que
les autres et recouverte d'un baldaquin, occupait
le fond de l'appartement.

Là s'était tenue, en des temps meilleurs, plus
d'une cour d'amour, restée célèbre dans les an-
nales de la gaie science.

La dame de Mont-Rognon s'était assise sur le
grand fauteuil à baldaquin qui occupait le fond
de l'appartement.

Le trouvère s'avança vers elle jusqu'au milieu
de la pièce et s'y tint un instant le front incliné
et la toque à la main, dans une humble attitude.

— Noble dame, dit-il, le hasard m'a conduit près d'ici et je n'ai pas voulu passer sans présenter mes hommages à la reine d'amour que tous les adeptes de la gaie science comptent parmi les plus nobles, les plus vertueuses et les plus belles.

A cette voix la châtelaine tressaillit ; puis, son regard ayant rencontré celui du trouvère, ses joues pâlirent et elle détourna la tête.

Il se fit un moment de silence.

—Vous ici ! messire Hugues, dit enfin la dame de Mont-Rognon, toute haletante d'émotion ; vous avez osé venir au risque de compromettre ma réputation, en vous perdant?

— Pardonnez-moi, repartit l'ex-Templier, car c'était bien messire de la Roche-Amblard, qui jouait sa vie à cette périlleuse aventure. — Vous vous êtes donnée à un autre, poursuivit-il amèrement, vous m'avez laissé seul en ce monde; vous m'avez oublié dans le luxe et dans les fêtes.

— Oh ! non, non, jamais, murmura la châtelaine profondément émue.

— J'ai pu supporter tout cela sans mot dire ; mais aujourd'hui que suis-je? un moine renégat : tout ce qu'il y a de plus odieux et de plus méprisé ! un excommunié, un proscrit, auquel tous,

seigneurs et vilains, peuvent courir sus partout
où ils le rencontreront, qu'ils doivent appréhender au corps et ramener à son couvent. Vous
avez su tout cela, vous, madame; j'ai craint
votre mépris et je suis venu, bravant mille périls,
vous dire pourquoi j'ai quitté l'ordre du Temple,
pourquoi j'ai déserté cette milice si fière de sa
puissance et de ses richesses... pour rester ce
que je n'ai jamais cessé d'être, un bon chrétien
et un loyal chevalier.

— Je vous crois, seigneur Hugues. Eh, si
j'avais douté de vous, me serais-je enquise de ce
que vous étiez devenu? Vous aurais-je cherché
un défenseur? Aurais-je engagé le seigneur
d'Opme à répondre à la sommation qu'on vous a
faite dimanche dernier, et à demander en votre
nom le jugement de Dieu?

— Et messire d'Opme a fait cela par amour
pour vous?

La châtelaine négligea de répondre.

— Mais je ne veux pas qu'un autre vous aime,
moi! s'écria violemment le jeune homme,
surtout qu'en invoquant cette part d'amour qu'il
me vole, vous lui demandiez aucun service. Le
seigneur d'Opme irait affronter l'épée des
Templiers pour défendre mon honneur au nom

de Dieu et pour plaire à sa dame, et sa dame ce serait vous! Oh! non, non. Dans ma misère je puis encore trouver un destrier et une armure. Faites dire à votre chevalier, noble dame, qu'il ne s'inquiète plus du défi qu'il a adressé en mon nom à l'ordre du Temple. A l'heure dite je me présenterai à la barrière pour le soutenir.

— Quant à cela, messire, repartit doucement la dame de Mont-Rognon, je ne vous détournerai point de le faire. Votre honneur est en jeu, c'est à vous de le défendre. Le destrier et les armes qui vous manquent, vous les trouverez au château d'Opme. C'est moi qui vous les offre: les acceptez-vous?

—Louise, je devrais les refuser, dit le jeune homme dont une larme vint mouiller la paupière.

La châtelaine poursuivit avec toute sorte d'inflexions tendres et suppliantes dans la voix :

— Maintenant, d'ici au jour du combat, il vous faut un refuge pour vous y préparer. Hugues, je vous en prie de la part du châtelain d'Opme, soyez son hôte.

C'était beaucoup déjà que le Templier eût accepté le présent de son ancienne fiancée.

— Non, répondit-il cette fois d'un ton qui n'admettait point de réplique. Vous voudrez bien, chère Louise, faire conduire, samedi soir, chargé de mes armes, le cheval que vous me destinez, aux grottes de Jussat. Ce sera là que je m'armerai.

Mais à la pensée de la malheureuse existence que menait le proscrit, des dangers qu'il allait courir, la châtelaine insista.

C'était une bien séduisante enchanteresse que dame Louise d'Allanche.

— Que vous êtes enfant, reprit-elle, d'attacher quelque importance à ces vœux, à ces *emprises*, à tous ces faux semblants d'amour qu'a inventés la chevalerie. Si j'en juge par le déguisement que vous avez choisi pour vous introduire ici, vous savez que pendant près d'un siècle Mont-Rognon a été le rendez-vous des plus célèbres trouvères du Midi et le siége d'une cour d'amour. Je suis donc toujours pour nos jeunes seigneurs du voisinage la reine de beauté, sur un signe de laquelle ils iraient combattre un enchanteur, couper la tête à un géant, enlever d'une tour inexpugnable une jeune fille qu'un nain plus ou moins difforme y détiendrait. Hugues, il n'est que deux êtres au monde que j'aime, mon mari d'abord par devoir, et vous d'une tendre et fidèle affection. Car si Dieu me défend d'écouter

ce second amour, moi je me suis résignée à souffrir plutôt que de l'oublier.

A ces mots messire de la Roche-Amblard
tendit la main à la châtelaine. Et, comme celle de
Louise vint s'y placer, il ne put s'empêcher de
l'effleurer de ses lèvres.

— Vous êtes une sainte, murmura-t-il.

— Voulez-vous accepter l'hospitalité du
seigneur d'Opme, maintenant? ajouta la jeune
femme.

L'ex-Templier hésitait encore.

— Pour vous, mais aussi pour l'amour de
moi. Car vous allez affronter un combat terrible
et vous avez besoin de sécurité, de repos, pour
vous y préparer, — de faire ajuster vos armes,
d'essayer votre cheval. Vous me rendrez ainsi
l'attente de ce duel moins horrible.

Hugues fit un signe d'assentiment.

— Oh! que ne puis-je, chère fiancée, disait-il,
recueillir quelquefois ces regards qui reflètent
votre belle âme, entendre ces nobles paroles de
calme et de résignation que laissent échapper
vos lèvres. Comme ils calmeraient les révoltes de
mon cœur! que de baume ils verseraient sur mes
blessures dont l'âpre douleur ne s'adoucit pas en
vieillissant.

— Êtes-vous chrétien, messire ?

— Oui, mais Dieu m'a fait en ce monde une part de douleurs au-dessus de mes forces. Louise, le chagrin me tue.

— Vous n'avez donc pas trouvé au prieuré de Chanonat le repos en Dieu que vous cherchiez ? demanda la châtelaine.

— Non. Quand je vous eus vue, ma belle Louise, quitter cet heureux quartier de la place *Devant-Clermont* où je vous avais connue, où je vous avais aimée, et vous diriger en grande pompe vers la demeure de votre époux, à cet affreux spectacle je restai comme anéanti, — immobile et sans voix. Un cavalier, vêtu de la robe blanche et du manteau des Templiers, passait auprès de moi. Rien ne lui avait échappé sans doute de la scène qui venait d'avoir lieu.

« Viens avec nous, jeune homme, me dit-il; nous guérirons ta blessure; nous t'apprendrons à oublier cette femme qui te trahit, ce monde qui te dédaigne, tous ces biens auxquels l'homme sacrifie son repos et dont les brillantes séductions ne sont que mensonge et vanité. »

Cet homme était messire Guy d'Auvergne, votre oncle : je le suivis.

Je pris la croix rouge de l'ordre du Temple au
prieuré de Chanonat; je me vouai corps et âme
au service du Christ et de la sainte Église. D'une
part je me livrais avec une sorte d'exaltation fiévreuse aux exercices de la vie monastique, tels
que les pratiquent les Cisterciens; je m'exténuais
d'austérités et de prières, et de l'autre je m'étu-
diais à devenir un homme de guerre accompli,
habile à manier les armes, à exécuter avec rapidité et précision les plus compliquées de ces manœuvres qui font le principal attrait des tournois
et des passes d'armes. Que voulez-vous, noble
dame; je m'étais donné sans réserve à ce Dieu
bon, à ce père miséricordieux de tous les af-
fligés, de tous les pauvres, dans le sein duquel
j'avais trouvé un refuge. J'ai vécu trois ans de la
sorte.

— Hugues, interrompit la dame de Mont-
Rognon, vous m'avez donné un grand exemple.
Oh! croyez-le bien, si j'avais su combien vous
m'aimiez, jamais un autre que vous n'eût reçu
ma foi. Comme vous, j'aurais été cacher dans un
cloître ma vie solitaire et désolée. Recevez-en
le serment : si je devenais veuve, jamais plus
je ne serais à personne, ne pouvant plus vous
appartenir.

— Hélas! je suis un homme mort aux choses de ce monde, madame, repartit humblement l'ex-Templier; il est trop tard pour que vous vous sacrifiiez pour moi. Mais permettez que j'achève mon récit, poursuivit-il.

J'avais donc passé trois ans parmi les Templiers. Pour moi, le moment était venu de prononcer mes vœux et de faire le voyage d'outre-mer. Je ne me soumis qu'avec répugnance aux rites de la suprême initiation. Alors on ne vous livre qu'enveloppés de toutes sortes de formules captieuses, ce qu'on appelle les secrets de l'ordre. Je n'en compris pas tout d'abord la portée; mais j'ai appris plus tard à les bien connaître, en observant ce qui se passait autour de moi et par ma propre expérience. Louise, il est certaines choses que vous ne devez pas savoir, des plaies morales que votre intelligence ne doit pas sonder. La sainte milice du Temple est un ordre..... infâme.

— Infâme! répéta la châtelaine.

— Oui. Dans leurs rapports continuels avec certaines sectes de l'Orient, ils leur ont emprunté des rites affreux, des serments terribles, sanctionnés par d'inexorables vengeances, au moyen desquels, sous prétexte d'étendre le royaume de Jésus-Christ et de glorifier l'ordre, on peut vouer un homme à tous les crimes. Ils ont contracté en Syrie des mœurs ignobles. Ce sont des misérables, gorgés d'or aujourd'hui et gonflés d'orgueil, qui, au lieu de s'élever par l'austère pratique de leurs vœux au niveau des anges, sont tombés plus bas que les derniers des hommes. Noble dame, comprenez-vous que j'aie quitté leur milice?

— Mais, messire, notre oncle, Guy d'Auvergne, occupe une des plus hautes dignités de l'ordre, fit observer la châtelaine.

— La seconde après la grande maîtrise.

— Et vous croyez qu'il sait toutes ces choses?

— Quand un simple chevalier comme moi les connaît, comment le grand-commandeur d'Aquitaine les ignorerait-il?

— Mon Dieu! est-ce possible? murmura la jeune femme; notre oncle Guy, une des gloires de notre maison!

En ce moment il se fit un grand tumulte dans le château. Le guetteur avait annoncé qu'un fort détachement de troupes sortait de Clermont par la porte des Gras et se dirigeait vers Beaumont en toute hâte.

Une estafette fut dépéchée immédiatement vers

messire Guillaume pour l'avertir de se mettre
sur ses gardes ; en même temps la trompette d'a-
larme sonna partout dans le château ; les hommes
de la garnison coururent à leur poste d'observation et de combat, car il fallait craindre ce qui
pouvait advenir d'une rencontre entre messire
Guillaume et les forces qui semblaient marcher
à sa rencontre. Mais une autre épouvante vint
bientôt se joindre à celle qu'éprouvait la châtelaine de Mont-Rognon. Par une des fenêtres de la
salle où elle se trouvait encore avec Hugues, elle
avait vu tout à coup se dresser devant elle comme
un fantôme messire Guy d'Auvergne, accompagné
de deux servants d'armes.

Il montait au grand trot la chaussée du pont-
levis.

Sans perdre de temps, la châtelaine entraîna
messire de la Roche-Amblard vers l'une des
grosses tours de l'enceinte et, appelant l'archer
qui la gardait :

— Ambroise, dit-elle, conduis ce chevalier à
la salle d'armes et donne-lui une épée à deux
mains, un morion et une cotte de maille ; puis
tu le mèneras par les souterrains jusqu'à la
vallée que dominent le village et les grottes de
Jussat.

L'archer auquel la dame de Mont-Rognon confiait le fugitif était un vieux serviteur de sa famille dont elle connaissait le dévoûment.

— Fuyez, Hugues, reprit-elle. Adieu ! poursuivit la châtelaine en attirant le jeune homme à l'écart; et si vous m'aimez, si vous voulez que mon nom reste honoré, qu'aucune calomnie ne puisse l'atteindre, ne revenez jamais plus ici.

— Jamais ! répéta douloureusement messire de la Roche-Amblard. — Noble dame, dimanche soir, avant que le soleil se couche, peut-être aurai-je mordu la poussière. S'il en est ainsi, Dieu aura eu pitié de moi. Il m'aura ouvert le seul refuge où ma pauvre âme blessée puisse trouver le repos.

VI

Des grands chagrins et affres que le commandeur d'Aquitaine causa à la dame de beauté.

C'était un homme de la plus haute distinction
que messire Guy d'Auvergne, grand-commandeur
d'Aquitaine. Agé d'environ 55 ans, il était entré
à 11 ans dans la sainte milice du Temple. Les
fatigues et les périls de sa longue carrière, les
préoccupations du grand commandement qu'il
exerçait n'avaient ni altéré notablement ses traits,
ni courbé sa taille, ni rien ôté, soit à l'activité de
son esprit, soit à l'énergie de son courage.

Il avait une des plus belles têtes de soldat que
l'on puisse imaginer, le front haut, de grands
yeux bruns au regard clair et incisif, le nez droit

et d'une forme correcte. Une barbe brune,
marquée çà et là de quelques filets blancs, en-
cadrait le bas de son visage d'un demi-cercle
soyeux, aux chauds reflets de bronze. De haute
taille et de forte corpulence, il portait avec une
dignité presque souveraine sa robe et son manteau
blancs et l'espèce de petit capuce, liséré de rouge,
qui était le signe de sa haute dignité.

Il était simplement coiffé du bonnet de l'ordre,
sans visière, selon la mode orientale.

La parole, le geste, l'attitude de messire Guy
d'Auvergne étaient d'une grande autorité ; mais
pour atteindre le but qu'il s'était proposé en venant à Mont-Rognon, peut-être manquait-il un
peu de dextérité et de souplesse.

A peine entré au château, il chargea un jeune
page qui était accouru à sa rencontre de demander à la dame de céans si elle pouvait le recevoir. Puis, comme un homme qui ne saurait
éprouver un refus, il mit pied à terre, jeta la
bride de son cheval à l'un de ses servants d'armes
et lui dit :

— Attendez-moi.

Puis, se tournant vers l'autre :

— Frère du Breuil, reprit-il, allez vous mettre
en faction aux abords de la porte du mâchicoulis ;

et si Hugues le renégat se présente pour sortir du château, tuez-le.

— Oui, maître, répondit simplement le Templier.

— Frère Hugues a revêtu pour venir ici un costume de trouvère, justaucorps, chausses et béret noirs. Il porte une vielle sur son dos. Vous le reconnaîtrez.

Le chevalier s'inclina.

La châtelaine de Mont-Rognon vint saluer son oncle dès qu'il parut sur le seuil du salon que venait de quitter messire Hugues ; mais le commandeur remarqua qu'au lieu de lui présenter son front à baiser, comme d'habitude, la belle Louise d'Allanche se contentait de lui prendre assez froidement la main et de la porter à ses lèvres.

— L'apostat a passé par ici, pensa-t-il.

Il s'assit. Quant à la châtelaine, elle souleva le couvercle d'un bahut, y prit un léger ouvrage de broderie, et, s'étant placée à quelque distance du commandeur, tout en causant, de ses doigts agiles elle se mit à faire aller et venir son aiguille.

— Ah ! messire, disait-elle, on vous a raconté ce qui se passe. Mon mari est sans doute aux prises, à cette heure, avec les troupes de Mgr l'évêque de Clermont. C'est ce matin que vous auriez dû venir. Peut-être auriez-vous eu assez d'autorité sur Guillaume pour empêcher la belle algarade qu'il a tentée sur les vassaux de Mme l'abbesse de Beaumont.

— Vous n'en manquez pas, cependant, à ce qu'on dit, chère enfant, d'autorité sur votre mari, fit observer le commandeur.

Ces paroles furent prononcées avec un accent de raillerie presque agressive que la châtelaine remarqua.

Messire Guy poursuivit d'un ton plus grave :

— Voilà certes une belle expédition ! Mon neveu saura ce qui va lui en coûter, sans préjudice de l'excommunication majeure qu'il a encourue *ipso facto* comme spoliateur de l'Église : assignation à comparaître devant le bailli d'Auvergne, condamnation en restitution des dîmes enlevées et en dommages-intérêts ; en outre, si l'affaire va en Parlement, comme cela semble probable, qui sait où elle pourrait le mener ? Que cela dure encore un peu, beaux neveux, et nous serons bientôt, dans la famille, seigneurs de Mont-Rognon comme nous sommes comtes de Clermont sans fief et sans vassaux. Mais c'est de vous que nous avons à parler en ce moment, ma nièce, reprit le commandeur.

Je vous crois une digne et vertueuse épouse. Quoique j'aie souvent blâmé la vie de dissipation que l'on mène ici, le choix des gens qu'on y attire, les pratiques de la gaie science qu'on s'y fait un honneur d'observer ; quoique je regarde toutes ces choses et le titre de reine d'amour et de beauté que vous donnent une foule de jeunes écervelés, comme autant d'excitations à offenser Dieu, j'estime que l'honneur de notre maison ne saurait être placé en de plus dignes mains que les vôtres. Cependant, madame, vous agissez parfois avec une légèreté rare ; et tenez, j'ai précisément à ce sujet quelques questions à vous adresser auxquelles, dans votre intérêt, je vous engage à répondre avec franchise.

— Parlez, messire, murmura la châtelaine avec un léger frémissement dans la voix.

— Un apostat, Hugues de la Roche-Amblard, a abandonné notre prieuré de Chanonat. Nous l'avons fait poursuivre conformément aux lois ecclésiastiques et aux règles de notre ordre. Mais, à notre grande surprise, il a trouvé un défenseur qui a demandé pour lui le jugement de Dieu.

Et comme nous exigions de ce défenseur, avant d'accepter son défi, qu'il déclinât son nom et arborât son écu, il a déclaré ne pouvoir le faire, attendu qu'il était lié par un vœu à soutenir l'accusé..... pour obéir à Dieu et pour plaire à sa dame. Serait-ce à vous, ma nièce, que ce chevalier voudrait plaire ?

— Qui sait ? dit Louise en affectant de se moquer.

— Toutes informations prises, il n'est autre que le châtelain d'Opme, votre voisin et, je crois, l'un de vos servants.

— C'est possible.

— En outre, il portait une écharpe aux couleurs de Mont-Rognon, bleue et blanche.

— Ah ! ceci, mon oncle, est très-grave, interrompit la châtelaine en riant.

— Enfin, comme je refusais de relever son gantelet, à moins qu'il ne fit certifier par un gentilhomme qu'il est noble de père et de mère, c'est précisément messire Guillaume qu'il a choisi pour répondant.

— Et messire Guillaume a répondu pour lui ?

— Oui.

— Ce qui prouve, messire, qu'il n'attache pas à toutes ces billevesées de vœux secrets, d'*emprises*

faites pour plaire à une belle inconnue, passe-
temps ordinaires de la chevalerie, l'importance
que vous y mettez.

— C'est égal, madame, donner à son ancien
fiancé un de ses servants pour défenseur et à ce
dernier son mari pour répondant, avouez que
c'est habile. Vraiment vous assignez avec un
grand tact, à chacun de ceux qui vous aiment,
le rôle qui lui convient.

Il y avait longtemps déjà que cet interrogatoire
agaçait la châtelaine; elle se leva, et comme une
femme dont on froisse les susceptibilités les plus
délicates :

— Messire, dit-elle, permettez que je me re-
tire. L'alarme règne ici ; j'ai besoin de voir ce
qui s'y passe. Puisque mon mari s'est porté garant pour le défenseur mystérieux de messire
Hugues, c'est avec lui que vous aurez à vous ex-
pliquer à ce sujet.

— Je vous conseille de rester au contraire,
ma nièce, répliqua le commandeur. J'ai une dernière question à vous adresser, et il ne vous
conviendrait pas, je pense, que pour celle-ci je
m'expliquasse avec Guillaume. Un homme dé-
guisé en trouvère s'est présenté, il y a deux
heures, à la porte du château : vous l'avez reçu ?

A ces mots la châtelaine se rassit, en s'efforçant de cacher son trouble.

— Oui, messire, répondit-elle.

— Savez-vous qui il était?

— Non; mais je n'ai pas tardé à le reconnaître à son regard et à sa voix.

— Et que vous a-t-il dit?

— Rien qu'une honnête femme ne puisse entendre, croyez-le bien.

— Mais encore?

— Hélas! vous le devinez sans doute. Il m'a exprimé des regrets, qu'à raison de la triste situation où il se trouve j'ai dû écouter avec quelque indulgence.

— Il n'a pas cherché à se justifier de son apostasie; il n'a pas accusé notre ordre?

— Si..... de tyrannie, de rigueur extrême..... C'est toujours l'excuse qu'invoquent les religieux qui s'ennuient des austérités de la vie monastique, ajouta la châtelaine sans paraître ajouter d'importance à ses paroles.

— Et il n'a rien dit de plus? insista le commandeur.

— Eh! messire, répliqua dame Louise à bout de patience, de quoi donc encore pensez-vous qu'il ait pu vous accuser?

— Cet homme est-il ici? demanda brusquement Guy d'Auvergne.

— Non.

— Vous l'avez laissé échapper?

— Et de quel droit aurai-je pu le retenir?

— Ce n'était pas seulement votre droit, madame, c'était encore votre devoir, et vous ne l'ignorez pas. Mais laissons ceci de côté. Est-il bien vrai que vous ayez congédié frère Hugues? Ce dont je suis sûr, c'est qu'il n'est pas sorti par la porte du château.

— Nous auriez-vous fait espionner? demanda la châtelaine avec dédain.

— Vous pensez bien, ma nièce, repartit le commandeur sans sourciller, que toutes les démarches de frère Hugues sont éclairées et que pour remettre le fugitif sous la main de son prieur, le puissant ordre du Temple n'épargnera ni les soins, ni la dépense. Lui aussi a des pièces d'or pour payer le dévouement des sorciers.

A ces mots, la châtelaine eut peur. Une sorte d'éblouissement lui passa devant les yeux. Evidemment messire Guy savait tout.

— Qu'à mon approche, Hugues de la Roche-Amblard ait cherché à gagner au large, cela ne m'étonne pas; que vous ayez prêté les mains à sa fuite, vous-même en convenez. Mais, par le diable! il ne s'est pas envolé.

Pour la seconde fois la châtelaine fit mine de vouloir se retirer ; mais le commandeur, la saisissant au bras, la força de se rasseoir.

— Ah! messire, vous devenez brutal, dit la dame de Mont-Rognon d'une voix étouffée. Vous m'avez presque fait mal.

— Vous m'écouterez jusqu'au bout, madame, poursuivit coléreusement Guy d'Auvergne. J'ai droit de savoir ce qu'est devenu l'apostat que nous cherchons, d'abord comme un des membres les plus âgés de la famille des dauphins d'Auvergne, dont l'honneur est en jeu...

— Insolent! murmura la châtelaine à demi-voix.

— En second lieu comme grand-commandeur de l'ordre du Temple ; et pour m'assurer qu'il n'est plus au château, je ferai, s'il le faut, fouiller Mont-Rognon depuis la *guelle* jusqu'au plus profond des oubliettes.

— Vraiment, vous l'oseriez? Par bonheur, vous n'êtes point en force pour vous y hasarder. Moi seule commande ici en l'absence de mon mari.

— J'attendrai, s'il le faut, le retour de mon

neveu Guillaume... A nous deux peut-être par-
viendrons-nous à savoir où s'est caché le beau
trouvère qui pendant l'absence de votre époux
vient, noble dame, charmer vos ennuis par ses
sirventes.

— Pour un homme de votre âge, mon oncle,
et pour un chevalier, fit observer Louise d'Allanche en serrant les lèvres, il est déshonorant de
parler ainsi.

— Soyez sûre que pour trouver le misérable
dont vous vous faites la protectrice, répliqua Guy
d'Auvergne, il n'est pas de moyen auquel je ne
puisse avoir recours.

— Mais vous ne m'enlèverez pas facilement la
confiance de mon mari, ajouta résolûment la châtelaine. Il me connaît, lui ; je ne lui ai caché ni
mes regrets, ni mes tristesses ; il sait que je l'aime
et que, depuis que nous sommes unis, j'ai su en-
sevelir au plus profond de mon cœur mes affec-
tions de jeune fille.

Le commandeur écoutait sans mot dire.

— Il me jugera moins sévèrement que vous ;
il m'approuvera de n'avoir pas livré à votre justice le malheureux qui s'était confié à ma loyauté
et à la sienne.

— Eh bien ! attendons Guillaume, ajouta Guy

d'Auvergne qui s'installa carrément dans son
fauteuil.

Les scènes du genre de celles que nous retra-
çons n'étaient pas rares en ces temps de violence.
Dans le huis-clos du ménage les lois de la chevalerie n'étaient guère respectées, et les dames
d'amour et de beauté étaient souvent battues.

La châtelaine avait repris son travail de broderie; mais l'activité fiévreuse avec laquelle elle
le poursuivait témoignait assez des angoisses de
son âme.

Elle se sentait prisonnière et gardée à vue,
pour ainsi dire, dans son propre manoir. Cependant que de sujets d'inquiétudes! Que se
passait-il à cette heure dans le voisinage de
Beaumont? De la rencontre de messire Guillaume avec les troupes de l'évêque qu'était-il
advenu?

Cette situation devenait des plus pénibles. A
tout prix il fallait y mettre fin.

— Messire, reprit bientôt la châtelaine, mais
d'une voix dégagée et le sourire de l'ironie aux
lèvres, je crois pouvoir à cette heure satisfaire
votre curiosité. J'avais craint d'abord que vous
fissiez poursuivre notre hôte; mais maintenant il
doit être en sûreté. — Messire Hugues, en effet, ne

s'est pas envolé par-dessus les murailles de Mont-Rognon. Il est sorti par les souterrains du château. Je lui ai fait ouvrir la grille qui en ferme l'entrée en face des grottes de Jussat.

Ces paroles, la châtelaine avait cherché à les rendre aussi désagréables que possible au commandeur ; mais son attente fut déçue.

— Eh! que ne le disiez-vous tout de suite? repartit Guy d'Auvergne d'un air dégagé. Que votre protégé ait essayé de gagner la vallée de Jussat, cela me satisfait complétement, car il a dû trouver sur son passage trois des meilleures lances de notre ordre, auxquelles il n'aura pas facilement échappé.

La dame de Mont-Rognon resta frappée de stupeur.

— Vous pensez bien, chère nièce, ajouta Guy d'Auvergne en se levant, que, venant ici pour me saisir de cet homme, je n'ai pas dû laisser sans surveillance la seule issue par laquelle il pût s'évader.

— Trois lances ! dites-vous?

— Tout autant.

— Mais c'est une abominable félonie. Le défenseur de messire Hugues avait demandé pour lui le jugement de Dieu : jusqu'au jour du combat sa personne était sacrée. Il était sous la foi de la trêve de Dieu.

— Ah! dit le commandeur en ricanant, sacrée! la personne d'un apostat, d'un hérétique, relaps et obstiné!

— Vous êtes un infâme! s'écria la châtelaine.

Guy d'Auvergne se dirigea vers la porte.

— Ma nièce, reprit-il en rajustant son capuce, votre protégé a demandé le jugement de Dieu; il a dû le trouver là-haut à cette heure, mieux qu'il n'aurait pu l'avoir ici-bas.

A cette plaisanterie cruelle, la châtelaine se laissa tomber toute pantelante sur un fauteuil.

— C'est donc ainsi que vous l'aimez, dit le commandeur avec mépris. Je conçois maintenant que messire Hugues ait voulu s'affranchir de ses vœux.

Et il sortit, laissant la dame de Mont-Rognon presque évanouie.

Elle resta quelques instants dans cet état; mais à peine eut-elle entendu le bruit du pont-levis qu'on relevait derrière les Templiers qu'elle se leva toute horripilée, alluma une petite lanterne dont les habitants du château avaient coutume de se servir pour en éclairer les détours et s'élança vers les souterrains.

Elle parcourait depuis un instant à pas précipités ces galeries humides, lorsqu'elle aperçut à quelque distance une autre lumière dans un nimbe de vapeurs. Elle s'arrêta : c'était l'archer Ambroise qui venait à elle.

— Tu as conduit le chevalier jusqu'à l'issue des souterrains? lui demanda-t-elle.

— Oui, maîtresse, répondit l'archer.

— Quand il a été sorti dans la campagne, as-tu vu qu'on l'ait attaqué ?

— Non.

— Retourne sur tes pas, mon brave. Le chevalier doit être aux prises en ce moment avec des assassins : quelque habit que portent ces misérables, s'il en est temps encore, secours-le.

— Par Notre-Dame ! je n'y manquerai pas.

Et l'archer se mit à courir dans la direction de Jussat. Un quart d'heure après il atteignait la grille par laquelle était sorti messire Hugues.

Le souterrain de Mont-Rognon s'ouvrait sur la pente d'un ravin parmi des rochers et des ronces. Au-dessous se trouvait un étroit vallon, d'où l'on apercevait Jussat, et au-dessus de Jussat une de ces cavernes si communes dans cette contrée qui furent des habitations troglodytes.

Celle-ci est connue sous le nom de *grottes de*

César dans ce pays d'Auvergne, où murailles ro-
maines, ruines de temples ou d'églises, châteaux
féodaux, vestiges de toute époque et de toute nature sont attribués à César.

L'archer explora quelque temps les alentours
de la grille, et n'eut pas de peine à y reconnaître
les traces d'un combat récent.

A une courte distance l'herbe était piétinée et
ensanglantée sur un assez large espace, au milieu
duquel on voyait étendu sans mouvement un cadavre vêtu de l'habit des Templiers. Près de là,
un autre Templier s'était traîné jusqu'au pied
d'un arbre, où il se tenait accroupi, la main fortement appuyée sur le côté gauche de sa poitrine,
comme s'il y eût reçu quelque grave blessure.

C'étaient bien là deux des trois coquins dont
avait parlé la châtelaine. Quant à l'homme qu'ils
avaient assailli, il avait dû se dégager et s'enfuir.

Ambroise examinait avec soin les traces de ce
guet-apens, quand le trot de plusieurs chevaux se
fit entendre. C'étaient messire Guy d'Auvergne
et ses deux servants d'armes qui accouraient sur
le théâtre de la lutte.

— Malédiction ! l'apostat s'est enfui, s'écria-
t-il, et voilà l'ouvrage de la seigneuresse de Mont-
Rognon ! C'est bien. — Frères, poursuivit-il,

portez secours au blessé et ramenez-le à Chanonat, ainsi que le cadavre du malheureux que
nous avons perdu. Moi, je retourne à Mont-
Rognon. Avant ce soir, ils seront vengés. Il ne
faut pas que Louise d'Allanche couche cette nuit
dans le château des dauphins.

Il n'y avait certes aucune pitié à espérer de cet
homme. Si cela ne devait dépendre que de lui,
évidemment la châtelaine de Mont-Rognon était
perdue.

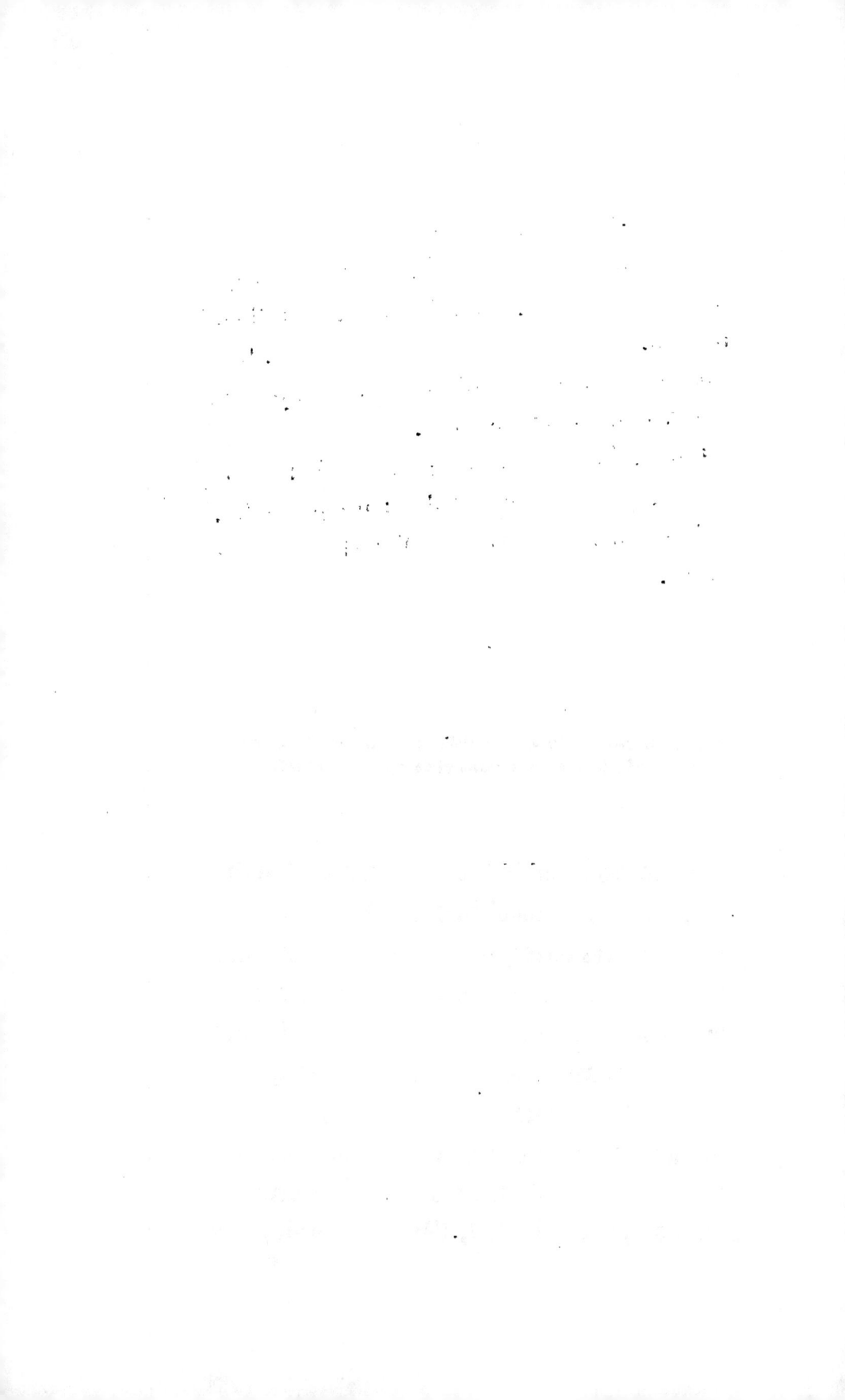

VII

Comment le châtelain de Mont-Rognon surprit la porte des Cordeliers à Clermont et ce qui en advint.

A peine madame l'abbesse de Beaumont avait-elle appris que le châtelain de Mont-Rognon brigandait sur ses terres, qu'elle avait fait prendre les armes à quelques *solduriers* (mercenaires), que l'abbaye entretenait pour maintenir l'ordre parmi ses vassaux. Mais ayant ouï dire que le châtelain était en force, elle avait envoyé en toute hâte un homme de confiance à monseigneur l'évêque et comte de Clermont pour l'avertir de ce qui se passait. De fait, l'évêque n'avait pas à

10

s'entremettre dans les différends de messire Guillaume et de l'abbaye; mais Mgr Aycelin et les
seigneurs de la maison Dauphine ne s'aimaient
pas; en outre, la félonie de messire Guillaume
avait cela de particulièrement odieux qu'il s'en
prenait aux biens d'Eglise. L'évêque résolut donc
de prêter main-forte à madame l'abbesse, sauf à
prévenir le bailli d'Auvergne des mesures qu'il
croyait, vu l'urgence, devoir prendre contre l'il-
lustre pillard de Mont-Rognon.

Il fit endosser aussitôt le harnais de guerre à
son prévôt et aux lances de la prévôté, et demanda, sauf l'agrément des consuls, un détachement de la milice bourgeoise au capitaine de
la ville et un autre à l'archer qui demeurait en
la tour de la porte dite, du nom de cet officier,
porte de l'Archer. C'est là que se trouve aujour-
d'hui la fontaine *de la Flèche*, vis-à-vis de la ca-
serne d'infanterie.

Toute cette troupe se rassembla à l'évêché et
sortit de la cité par la porte Terrasse et de la ville
par la porte des Cordeliers.

Elle formait un effectif d'environ quatre-vingt-
dix hommes: 10 lances et leurs varlets, soit 30
hommes, et 15 archers de la confrérie de l'Arc;
le reste en infanterie de la milice bourgeoise,

bien armés d'épées et de pertuisanes, avec la cuirasse et le pot à nasal pour défense (1).

On se dirigea sur Beaumont en belle ordonnance, l'infanterie de la commune au centre de bataille, les lances et leurs servants sur les ailes; en colonne entre les deux, les archers.

Le bailli de l'évêque commandait en chef.

Sous ses ordres, le prévôt de Monseigneur, le capitaine de la Ville et le chef de la confrérie de l'Arc.

Mais il fut impossible de garder longtemps l'ordre dans lequel on était parti, à cause des inégalités de la route. On arriva un peu pêle-mêle à l'endroit où le chemin fait un grand détour sur la gauche pour revenir ensuite vers Beaumont. Là, la troupe se divisa. Les lances restèrent sur la voie empierrée; — quant aux gens de pied, archers et autres, ne voulant pas se fatiguer inutilement, ils prirent un sentier de traverse.

Ce fut une grande faute que commirent les troupes clermontoises; car messire Guillaume, qui était en fait de guerre un homme avisé et ré-

(1) D'après une ancienne charte, les gens de la commune ne devaient jamais être conduits hors de Clermont à une telle distance qu'ils ne pussent y rentrer le soir et coucher dans leur lit.

solu, voyant la cavalerie de l'évêque engagée dans un tournant de difficile accès, la fit charger à l'improviste par la sienne. Le choc fut terrible; des cavaliers de l'évêque les uns furent désarçonnés, d'autres culbutés avec leurs montures dans les vignes en contre-bas de la route. Le reste, le bailli en tête, prit la fuite, poursuivi la lance aux reins par le seigneur de Mont-Rognon.

Les gens de pied de Clermont avaient encore plus mal réussi. A peine engagés dans le chemin de traverse, ils avaient été criblés de carreaux par une foule d'ennemis invisibles, cachés partout derrière les rochers, les haies et les pampres. Deux furent tués, quelques-uns blessés. Alors, voyant que le combat devenait dangereux et qu'il y avait mort d'hommes, toute cette *pédaille* s'était débandée. Les fuyards avaient gagné au large en tel émoi qu'il en vint, dit-on, jusqu'à Orcines.

Les lances des deux partis arrivèrent donc ainsi, les unes poussant les autres devant elles, jusque sur la place de l'ancienne cité des Arvernes (place de Jaude), alors en dehors des murailles. Là, les cavaliers de l'évêque, honteux de leur déroute, essayèrent de se rallier. Les plus vaillants d'entre eux, sous les ordres du prévôt, tinrent bravement tête à l'ennemi pour donner le temps

à leurs compagnons d'armes de se remettre en
ligne. Il y eut en cet endroit quelques beaux coups
de lance échangés. Mais cette tentative de résistance fut plutôt désastreuse qu'utile aux Clermontois. Elle donna aux gens de pied de Mont-
Rognon le temps de rejoindre leur cavalerie. Ils
se jetèrent sur les ailes des cavaliers de l'évêque,
les criblèrent de traits et, les débordant à droite
et à gauche, menacèrent de leur couper la retraite. Ce fut alors parmi les Clermontois une
véritable panique; ils se précipitèrent à corps
perdu vers la porte des Cordeliers, et telle fut
l'ardeur de la poursuite que les gens de Mont-
Rognon, hommes de pied et hommes de cheval, y
pénétrèrent avec eux.

En ce moment la nuit commençait à descendre
sur la ville.

Messire Guillaume fit immédiatement occuper
les deux tours où se manœuvraient les leviers du
pont-levis et la herse, afin de ne pas se laisser
prendre dans Clermont comme un renard dans
un poulailler; puis il se mit à crier hardiment et
à faire crier par ses troupes :

— Mont-Rognon ! Mont-Rognon ! ville gagnée !

C'était folie vraiment de vouloir s'emparer,
avec une poignée d'hommes, d'une ville aussi po-

puleuse et aussi bien fortifiée que Clermont. Aux
cris des gens de guerre de messire Guillaume,
toute la population s'émut. Pendant que les
hommes d'armes couraient à leur poste de ral-
liement, soit au château, soit à l'évêché, soit aux
diverses tours de l'enceinte, les bourgeois re-
vêtaient en toute hâte leurs buffles, leurs cottes
de mailles, leurs cuirasses, leurs morions, leurs
salades, décrochaient leurs épées, saisissaient leurs
pertuisanes. En un instant les rues furent encombrées d'hommes armés, se demandant où
était l'alarme. On répondait :

— A la porte des Cordeliers!

La Maison commune et les environs étaient
envahis par une foule d'artisans des corporations
qui demandaient des armes à grands cris.

Messire Guillaume s'aperçut bientôt qu'à sa
gauche, dans la rue des Petits-Gras, et à sa droite,
le long de la courtine qui montait vers la porte
Saint-Esprit, il se formait des colonnes d'attaque.
Au haut de la montée des Cordeliers, la porte
Terrasse se festonnait de têtes, se hérissait de
piques. Il était évident qu'à peine le pont-levis
baissé, toute une avalanche d'hommes allait en
descendre.

Enfin, autre chose non moins grave, la grosse

cloche de la cathédrale se mit à gronder dans sa tour romane.

Messire Guillaume fit donc sonner la retraite en toute hâte, et de sa personne il vint se poster, afin de mieux rallier son monde, au centre de la petite place située vis-à-vis de la porte qu'il occupait.

Et déjà sa troupe achevait de se réunir, avec le butin qu'elle avait fait soit dans les maisons voisines, soit dans les quartiers Saint-Esprit et du Cheval-Blanc, quand un événement tragique vint jeter la consternation dans tous les cœurs.

Apercevant de loin le châtelain de Mont-Rognon à cheval au milieu des siens, un archer clermontois s'était glissé de créneau en créneau le long des murs jusqu'auprès de lui. Là, il s'accroupit dans l'angle d'une tour. C'était un homme habile et il était armé d'une excellente arbalète, avec laquelle il avait déjà exécuté mainte prouesse. Donc, son arbalète étant bandée, il plaça dessus un de ces petits carreaux d'acier dont le manche était muni à sa partie inférieure d'un aileron de bois contourné en spirale. On appelait ces sortes de traits *viretons*, parce que la spirale leur imprimait, en fendant l'air, un mouvement de rotation d'autant plus rapide que le trait avait été

lancé avec plus de force. L'archer ajusta messire.
Guillaume qu'il voyait à belle portée et l'atteignit
au défaut du plastron, au-dessous et un peu en
arrière du sein gauche. Le châtelain poussa un
faible cri et tomba la face en avant sur le col de
sa monture.

On s'empressa de le secourir ; on le remit
comme on put sur son séant. Il étouffait; une
écume sanglante lui était venue aux lèvres. Sa
troupe entière se serra autour de lui; on le transporta en toute hâte en dehors de la porte qu'il
avait eu la fatale idée de franchir. Puis cavaliers
et piétons, ayant traversé la montée et la place de
Jaude, se dirigèrent ou plutôt s'enfuirent vers
Mont-Rognon, où ils arrivèrent à la nuit close.

Ivre de colère contre sa nièce et ne songeant
qu'à la perdre, Guy d'Auvergne attendait messire
Guillaume depuis une heure, quand il vit arriver
les gens de Mont-Rognon presque à la débandade.
Huit d'entre eux portaient des torches autour
d'une civière sur laquelle il avait fallu placer le
mourant. Celui-ci avait perdu connaissance
quand son oncle s'approcha de lui. Le commandeur lui prit la main et, voyant que le pouls
du malheureux châtelain avait cessé de battre, il
reprit tristement le chemin de Chanonat.

Le lendemain, de Clermont et de toutes les campagnes voisines, on put voir flotter sur le donjon de la forteresse des dauphins, à côté du bois et de la corde de justice, un grand lambel d'étoffe noire.

Messire Guillaume était mort.

———

VIII

Le Jugement de Dieu.

Le jour indiqué par le commandeur d'Aquitaine pour le combat du jugement de Dieu entre
le champion du très-saint ordre du Temple et le
défenseur mystérieux du chevalier Hugues de la
Roche-Amblard, 13 octobre 1307, était venu.

Le champ-clos avait été préparé par les soins
des Templiers sur la rive gauche de l'Auzon, au
pied de la cascade que forme ce torrent en amont
de Chanonat. C'était un vaste espace entouré de
palissades. A une extrémité de la lice, le siège du
juge du combat, surmonté d'un pavillon ; à l'autre
du côté de la campagne, la barrière ; sur le côté,

de l'enceinte opposé à l'Auzon, la tribune des maîtres du camp. Près du siége du juge, on avait dressé une tente magnifiquement ornée, aux armes de l'ordre du Temple, à l'entrée de laquelle était suspendu l'écu de messire Robert du Mesnil, de la langue de Provence, champion des Templiers.

En général, les gens de province sont désœuvrés. Le moindre événement un peu extraordinaire excite leur curiosité. Il s'était donc fait grand bruit en Limagne au sujet du combat qui allait avoir lieu. Une foule de gentilshommes s'étaient intéressés à ce que tout s'y passât loyalement et sans désavantage pour aucun des deux champions.

D'ordinaire ceux-ci amenaient sur le terrain un nombre égal de gens d'armes qui leur servaient d'escorte; ils choisissaient d'un commun accord le juge du combat, les maîtres du champ-clos, le chevalier garde-barrière et les hérauts à leur service. Mais dans les conditions où l'on se trouvait rien de tout cela ne devait avoir lieu, le défenseur de messire Hugues de la Roche-Amblard ne pouvant, sans trahir le secret de son *emprise,* requérir aucun ami pour l'accompagner.

On se demandait donc si les Templiers prétendaient suppléer d'office tous les surveillants assermentés du duel qui allaient faire défaut, et s'attribuer à eux seuls la police du champ-clos.

On fit à ce sujet à messire Guy d'Auvergne toute sorte d'observations.

Les uns lui conseillaient de remettre tout ce qui, dans cette délicate affaire, pouvait mettre en péril la vie ou l'honneur des parties, entre les mains de gentilshommes du pays, de haute lignée et de bonne réputation ; d'autres voulaient qu'il dégageât plus complétement encore sa responsa-bilité en invoquant le suprême arbitrage des gens du roi, par exemple du bailli d'Auvergne ou de celui de Montferrand. Ce fut à ce dernier parti que le commandeur s'arrêta. La surintendance du champ-clos fut offerte au bailli de Montferrand et celui-ci l'accepta.

En même temps toutes les mesures étaient prises, d'un commun accord, entre messire de la Roche-Amblard et le châtelain d'Opme pour que le premier pût au jour dit venir lui-même défen-dre sa cause. Au fait, c'était une assez triste cor-vée que la châtelaine de Mont-Rognon avait impo-sée à son cavalier servant, et le seigneur d'Opme ne fut pas fâché de s'en débarrasser.

Il s'était donc fait ce jour-là à Chanonat et aux alentours un immense concours de gens de tout

âge et de toute condition, nobles et vilains, cita-
dins et paysans. Le village était encombré, toutes
les rues regorgeaient de monde, toutes les au-
berges étaient pleines. Un spectacle se préparait
dont la foule est toujours avide : on allait voir
deux créatures humaines s'entr'égorger.

Du village au champ-clos il y avait aussi grande
foule, grande animation, grand tumulte. Le
champion de l'ordre du Temple devait paraitre à
trois heures sous sa tente, faire appeler par trois
fois messire de la Roche-Amblard ou son défenseur par un héraut et, si aucun de ces derniers
ne comparaissait, requérir défaut contre eux au
coucher du soleil. En attendant chacun prenait
sa place pour mieux voir, le plus près possible
de la lice. Sur les tertres, sur les arbres et jusque
sur les coteaux voisins des masses de peuple
bourdonnaient et faisaient resplendir au soleil
d'automne leurs costumes bariolés, aussi loin que
la vue pouvait s'étendre.

Tous les gentilshommes du voisinage, à de
rares exceptions près, chevauchaient et prome-
naient leur écu le long des palissades. Les plus
riches, les plus nobles, les plus considérés avaient
même obtenu la permission de pénétrer dans le
champ-clos et jusqu'à l'arrivée du bailli de Mont-

ferrand, d'y faire piaffer et caracoler leurs montures.

Vers deux heures il se fit un grand bruit du
côté d'Opme. Tous les regards se portèrent dans
cette direction, et sur le chemin que dominait le
donjon carré du château, on vit apparaître un
nombreux piquet de cavalerie.

M. le bailli de Montferrand venait prendre possession du champ-clos.

Trente lances et soixante servants d'armes l'ac-
compagnaient. Devant lui un trompette et deux
hérauts, l'un qui portait l'étendard aux trois
fleurs de lys qui était de France, l'autre le fanon
d'or au griffon de gueules parti de sinople, qui
était de Montferrand.

Le lieutenant du bailli l'accompagnait.

Bien des gens s'étonnèrent que, pour une aussi
mince affaire que le duel de Chanonat, messire
le bailli eût mis tant de monde sur pied.

Les gens du roi accouraient à toute bride.

Mais ils ne gagnèrent pas tout d'abord la lice
de l'Auzon, comme on devait s'y attendre. Ils
tournèrent vers Chanonat, le traversèrent et,
quand ils eurent atteint l'extrémité du village, ils
se divisèrent en deux troupes. L'une, la plus
nombreuse, commandée par le lieutenant du bail-

liage, prit à droite et descendit au prieuré, tandis que l'autre, sous les ordres du bailli, pénétrait au galop dans la cour du château prieurial.

Le bailli arrêta son cheval au milieu de la cour, tandis que ses sergents et gens d'armes se rangeaient autour de lui.

Le grand commandeur d'Aquitaine et le prieur s'étaient empressés de sortir pour le saluer ; mais il n'y prit garde et, interpellant le commandeur :

— Rentrez, messire, lui dit-il ; j'ai un ordre du roi, notre sire, à vous communiquer.

Les deux Templiers obéirent. Aussitôt le château fut cerné ; des sentinelles furent placées à toutes les issues, principalement à la poterne par laquelle on descendait au prieuré.

Ces dispositions prises, le bailli mit pied à terre et, accompagné de quatre de ses sergents, pénétra dans le château.

Il y trouva Guy d'Auvergne, le prieur, le visiteur Michel de Peyravols, et le chevalier-prêtre. Le commandeur demanda quel ordre du roi messire le bailli pouvait avoir à leur communiquer.

Le bailli s'avança vers Guy et, s'inclinant devant lui et devant ses compagnons :

— Messires, dit-il, au nom du roi, je vous arrête. Rendez-moi vos épées.

— Nous arrêter ! exclama le commandeur. Mais c'est impossible. Vous vous trompez, monsieur le bailli ; où est l'ordre du roi ?

Le bailli exhiba une lettre close, aux fils de laquelle des sceaux étaient encore appendus. Elle était datée de la grosse tour du Louvre et ordonnait au bailli de mettre la main ur les Templiers de son ressort.

Le bailli l'avait reçue cinq jours auparavant, avec injonction de ne l'ouvrir que le 13 du présent mois et de la mettre à exécution sur l'heure.

— Ah ! messire, répondit fièrement Guy d'Auvergne, c'est une bien petite besogne que vous faites là. Sa Majesté est-elle en mesure de mettre également la main sur les dix mille chevaliers et quarante mille servants d'armes que compte en France le puissant ordre du Temple ?

— Il m'est avis que cela se fait aujourd'hui dans toute l'étendue du royaume, répliqua le bailli. En ce qui concerne les Templiers de notre voisinage, je dois vous dire que ceux de Montferrand, de Neuve-Eglise (environs de Mauzun), de la Rouët (commune de Saint-Hilaire-la-Croix), de

Turluron (près Billom) et de la Rodde (canton de Tauves) sont en ce moment sous la main de la justice.

Le commandeur comprit alors que le roi Philippe-le-Bel, avec cette dissimulation profonde qu'on lui connaissait, avait dû préparer de longue main un coup de filet colossal qui enveloppât et prît en même temps tous les Templiers de France.

Et il y avait quelques jours à peine, le grand-maître Jacques Molay avait tenu un fils de France sur les fonts baptismaux, honneur qui ne s'accordait qu'aux têtes couronnées. C'était ainsi qu'on avait endormi la vigilance des chevaliers.

Alors Guy d'Auvergne s'emporta en récriminations. Il dit qu'on avait calomnié le saint ordre du Temple auprès du roi; que l'on enviait sa puissance, que l'on convoitait ses richesses, que c'était là le véritable motif de la persécution qui commençait; qu'après tout les Templiers ne dépendaient pas du pouvoir laïque; qu'ils ne relevaient que du pape, auquel ils en appelaient; enfin, qu'en dépit des manœuvres déloyales employées contre eux, ils ne se laisseraient pas opprimer, dépouiller, occire sans résistance; qu'ils étaient assez forts, Dieu merci! pour défendre leur bon droit.

Le bailli mit fin à ces récriminations en menaçant Guy de le faire garrotter sur-le-champ, tout commandeur d'Aquitaine qu'il était, à moins qu'il promît de ne chercher ni à se défendre ni à s'enfuir.

La même scène avait lieu simultanément dans le prieuré dont le lieutenant du bailli avait pris possession.

Une demi-heure après l'arrivée du bailli, un grand silence régnait dans le prieuré de Chanonat. Tous les Templiers étaient gardés à vue dans leur cellule. Le pont-levis de la grande porte avait été levé; toutes les issues, toutes les fenêtres donnant sur la campagne avaient été fermées. On n'apercevait autour du couvent que les cavaliers du bailli, se promenant, la lance appuyée à l'épaule, au pied des tours et le long des courtines.

A cette nouvelle que la justice du roi était descendue à Chanonat et qu'elle avait fait main-basse sur les révérends Templiers, l'immense foule accourue pour assister au combat du jugement de Dieu, se dispersa comme par enchantement.

Le champ-clos resta désert.

Vers trois heures, un chevalier armé de toutes
pièces, précédé d'un héraut qui portait sa ban-
nière et suivi de deux varlets d'armes, s'approcha
de la barrière. Mais voyant la lice abandonnée,
et remarquant çà et là quelques lances royales qui
semblaient attendre, il tourna bride avec ses deux
compagnons; et comme ils montaient tous les
trois des chevaux fort vites, ils disparurent du
côté d'Opme sans qu'on pût les atteindre.

IX

CONCLUSION

La châtelaine de Mont-Rognon était veuve.

Veuve à 23 ans, avec une figure charmante, un riche douaire et la réputation de la reine d'amour et de beauté par excellence. Ce n'était pas une situation à se désespérer.

Son premier soin fut de régler les affaires de son défunt mari avec l'Église.

Ici notre chroniqueur se livre à quelques-uns de ces détails satiriques dont la plupart des écrivains du moyen-âge semblent avoir eu la passion d'agrémenter leurs récits, et que nous n'avons pas cru devoir supprimer.

Vraiment, dit-il avec une malignité naïve, au point de vue de son salut éternel, messire Guillaume était mort d'une façon déplorable, dans une expédition contre un couvent auquel il avait, de son vivant, fait subir mainte avanie, et en donnant assaut à Clermont, fief épiscopal : il y avait gros à parier qu'on refuserait de l'inhumer en terre sainte.

Il n'était que trop sûr en effet, qu'ayant osé toucher aux biens de l'Eglise, il était damné.

C'est ce que la dame de Mont-Rognon voulut savoir.

Donc, dès le lendemain du jour où messire Guillaume avait si misérablement péri, après qu'elle eut fait, selon l'usage, exposer son corps dans la chapelle de Mont-Rognon, et arborer le lambel noir sur le donjon du château, elle se rendit en grand apparat au couvent des Cordeliers de Clermont, vêtue de deuil et entourée de tous les gens de sa maison également en deuil, et demanda à parler au révérend prieur.

Là, elle donna de grands regrets à la mémoire du défunt ; elle vanta sa piété, son dévouement filial à l'Eglise et exprima cette ferme confiance que frappé en plein acte de péché mortel, il avait dû se repentir et trouver miséricorde au tribunal de Dieu.

Et comme le révérend prieur semblait en douter, elle éclata en sanglots. Elle ajouta qu'elle

en était d'autant plus marrie, qu'ayant résolu de
fonder au couvent même des Cordeliers une
messe hebdomadaire à perpétuité pour le repos
de l'âme de messire Guillaume, avec offrandes en
pain, vin et monnaie de bon aloi, dont elle fixa
la valeur, et cierges pour le catafalque du poids
de cent livres, il lui fallait renoncer à cette bonne
œuvre, évidemment inutile, si le malheureux
Guillaume était damné.

Alors le prieur s'amadoua. Il dit que les secrets de la miséricorde divine étaient impénétra-
bles ; il fit observer à la châtelaine qu'en tout
cas cinquante-deux bonnes messes comme celles
dont elle venait de parler étaient une ressource
dont elle ferait bien de précautionner son mari ;
et la dame de Mont-Rognon lui ayant demandé
d'intervenir auprès de l'évêque pour que le défunt fût enseveli en bon chrétien, il assura qu'il
s'y emploierait.

Même démarche à l'abbaye Saint-André, où se
trouvaient les sépultures des seigneurs de la maison Dauphine. Quel scandale si l'on refusait d'y
recevoir la dépouille mortelle de Guillaume et
d'inscrire son nom sur l'obituaire parmi ceux
de ses aïeux et de ses parents ! Dame Louise en-
tretint l'abbé d'un magnifique projet de deuil

que conduirait le dauphin de Vodable lui-même,
Mgr Robert III, depuis Mont-Rognon jusqu'à l'abbaye et auquel seraient conviés tous les ordres
religieux, les noirs, les blancs et les gris, deschaux
et non deschaux, portant ou non la corde.

Toutes les corporations et les trois cha-
pitres de Saint-Genès, de Notre-Dame-du-Port et
de la Cathédrale : tous les assistants devant être
payés grassement pour leur présence et recevoir
en outre un cierge, d'une livre pour les moines,
de deux livres pour les prêtres et de trois livres
pour les chanoines. Toute la défroque de ce deuil
en tentures, char funèbre et cire, en écussons,
panonceaux et bannières, devait rester à l'abbaye,
où serait également fondée à perpétuité une messe
expiatoire hebdomadaire.

— Ce serait un bien grand malheur, ajouta la
châtelaine, qu'attendu l'inévitable damnation de
son défunt mari... pour quelques *bacholiées* de
vin, qu'elle était prête à rendre, — toute cette
pompe fût jugée superflue.

L'abbé qui, dès l'abord, augurait fort mal du
salut de messire Guillaume, avait à la fin de
l'entrevue complètement changé d'opinion. Pour
lui, comme pour le prieur des Cordeliers, les
abîmes de la miséricorde divine étaient insonda-

bles, et la châtelaine ayant également sollicité son intervention auprès de l'évêque, il l'avait promise.

Si bien que la dame de Mont-Rognon, quand elle s'était présentée à l'évêché vers cinq heures du soir, avait trouvé Mgr Aycelin tout confit en charité et mansuétude. La promesse d'un calice en vermeil, à ses armes et à celles du comté de Clermont, avait achevé de l'attendrir, et de tout cela il advint que la cérémonie funèbre de messire Guillaume, lequel avait failli être jeté hors terre sainte comme un païen, fut une des plus splendides qu'on eût vues depuis longtemps.

Libre de ce soin, la châtelaine s'attaqua à une autre affaire non moins ardue ; après les prêtres vint le tour des gens de loi. Il s'agissait de faire entériner par le bailli d'Auvergne les divers titres qui lui constituaient un douaire, à savoir :

Mille livres sur Sévérac et le Mas à elle assignés par son père, messire d'Allanche ;

Cinq cents livres sur divers immeubles de la rue des Chaussetiers, à elle assignés par don Jehan d'Allanche, son oncle ;

Et mille livres sur Cros et Aurière, que messire Guillaume lui avait reconnues par contrat de mariage,

La belle châtelaine possédait en outre, du chef
de sa mère, aux abords de Durtol, une belle petite maison seigneuriale, avec verger attenant et
environ cinquante *ouvrées* de vignes, droit de
colombier et droit de four banal, c'est-à-dire que
les vilains d'alentour étaient forcés d'aller cuire
leur pain chez elle, moyennant redevance, et de
laisser piller leurs grains, gros et menus, par les
quatre ou cinq cents pigeons qu'il pouvait lui
plaire d'élever.

Dame Louise réussit dans toutes ces affaires
sans trop se laisser plumer par les procureurs,
huissiers et avocats du bailliage. Après quoi, la
quarantaine de son mari ayant eu lieu, elle remit
à son beau-père la châtellenie de Mont-Rognon et
ses dépendances, qui devaient faire retour aux
dauphins d'Auvergne, messire Guillaume n'ayant
pas laissé d'hoirs, et se retira dans son *chasal* de
Durtol.

Elle y vécut près de cinq ans dans la plus
complète solitude, si ce n'est qu'un courrier lui
arrivait toutes les semaines sans qu'on pût savoir
d'où il pouvait venir.

Pourtant, si la belle et riche veuve de messire
Guillaume ne se remariait pas, ce n'était pas que
les partis manquassent. Tous les plus nobles

seigneurs de la province étaient venus tour à tour se brûler, comme autant de papillons, au feu de ses prunelles.

Mais, après Pâques de l'année 1312, une bulle du pape Clément V condamnant et supprimant l'ordre des Templiers ayant été publiée au concile de Vienne, il se passa à Durtol un fait extraordinaire. L'ex-chevalier du Temple, Hugues de la Roche-Amblard, dont l'apostasie avait causé jadis un si notable scandale à Chanonat, vint en grande cérémonie rendre visite à la belle douairière de Mont-Rognon. Le chevalier était vêtu d'un brillant uniforme; il montait un cheval fringant, dont la housse était fleurdelisée. On apprit alors qu'il était devenu capitaine des archers de la garde du roi Philippe-le-Bel.

Il était accompagné de son père et de don Jehan d'Allanche, archidiacre de la cathédrale de Clermont.

C'avait été comme une visite d'introduction, à partir de laquelle le chevalier vint presqus tous les jours charmer la solitude de sa chère recluse de Durtol, et le bruit se répandit qu'ils allaient se marier.

Hugues, en effet, après avoir échappé aux sergents du bailli de Montferrand, voyant que ce

n'étaient plus les Templiers, mais bien les gens
du roi qu'il allait avoir à ses trousses, avait jugé
à propos de gagner au large. Il s'était retiré dans
un château du Velay, qui appartenait à un de ses
parents.

C'était de là qu'il expédiait tous les huit jours
à dame Louise d'Allanche une lettre qui avait été
pendant les années précédentes la seule commu-
nication que l'ex-châtelaine voulût avoir avec le
monde.

De là aussi il assista à la dislocation et à la
ruine tragique de l'ordre auquel il avait ap-
partenu.

Il y lia connaissance avec un vieil ami de sa
famille, au temps de Boniface VIII, scripteur des
bulles apostoliques. Il lui raconta comment il
était entré dans l'ordre du Temple, comment il
y avait vécu cinq ans, et comment, sa profession
faite, révolté de certaines habitudes honteuses
qui déshonoraient cette milice de moines soldats,
il l'avait désertée.

L'ancien employé de la chancellerie apostoli-
que trouva ses récits intéressants, ses apprécia-
tions justes. Clément V n'agissait qu'à regret contre les Templiers ; il sentait que c'étaient de
zélés serviteurs qu'on le forçait de sacrifier, et la

barbarie de la procédure qu'on dirigeait contre
eux ne faisait qu'accroître ses remords. Grâce
aux amis que l'ex-scripteur des bulles apostoliques avait conservés à la cour d'Avignon, le
Saint-Père entendit parler de messire de la Roche-
Amblard ; il voulut le voir, l'entendre. La sincérité de ce témoignage librement exprimé le
toucha.

Hugues accusait les mœurs de ses anciens frères d'armes, mais il les justifiait des crimes les
plus odieux qu'on leur imputait : reniement de la
foi du Christ, idolâtrie, sacriléges. Clément V
voulut qu'il entretînt Philippe-le-Bel ; il l'envoya
à ce prince, après l'avoir affranchi de ses vœux.
Le roi donna audience à l'ex-Templier, l'écouta,
et comme Hugues soutenait au nom du pontife
cette thèse qu'il y avait lieu de réformer l'ordre
du Temple et non de l'abolir, pour se débarrasser
de ce témoin incommode, le roi lui fit accepter
la charge de capitaine des archers de sa garde.

L'heureux fiancé de la belle Louise d'Allanche
se trouvait ainsi complétement réhabilité. Bientôt la bulle du pape qui supprimait l'ordre du
Temple et défendait à quiconque d'y entrer, fut
publiée par le concile de Vienne. C'était comme
une seconde absolution, celle-ci publique, que

recevait messire de la Roche-Amblard. Il accou-
rut en Auvergne, revit Louise, lui demanda sa
main avec l'approbation de don Jehan d'Allanche
et l'obtint.

Quant à l'ordre du Temple, il n'a encore été
ni condamné, ni absous par l'histoire. Le vieux
chroniqueur qui nous a guidé dans ce récit n'hé-
site pas à le charger de tous les crimes dont on
l'accusa. D'autres auteurs l'ont complètement
innocenté. C'est entre ces deux opinions extrêmes qu'il faut, à notre avis, chercher la vérité.

Disons d'abord que la translation d'Orient en
Europe, vers la fin des croisades, de l'ordre du
Temple, avec toutes ses richesses, toutes ses forces, tout son fanatisme, est une des plus grandes
monstruosités du moyen-âge. Ce monachisme
armé pouvant dans notre seule France mettre
cinquante mille hommes au service du pape et
les jeter sur tout royaume mis en interdit, cons-
tituait un immense péril pour la société civile.

Philippe-le-Bel avait dû s'en apercevoir à l'époque de ses démêlés avec Boniface VIII. Il entre-
prit d'abaisser la papauté; il réussit en l'attirant
à Avignon à la mettre sous la main de la France.
Qu'il ait voulu supprimer l'armée de fanatiques
qu'elle avait à ses ordres, rien de plus logique ;

il le fit avec une grande habileté, un grand courage : sous ce rapport il est à l'abri de tout
reproche.

Malheureusement cet acte fut empreint de
toute la barbarie de l'époque.

Et l'excès même des sévices qu'on employa
contre les Templiers pour les contraindre à con-
fesser leurs crimes, nous empêche aujourd'hui de
pouvoir apprécier sûrement s'ils furent ou non
coupables.

Que ces religieux aient, dans l'acte même de
leur profession, renié Jésus-Christ, dont ils
avaient mission de défendre l'Église, conspué la
croix qu'ils portaient sur leur habit; qu'ils aient
adoré une idole : tout cela semble absurde. On
voulut exciter contre eux l'opinion publique et
pour y réussir, on leur imputa tous les méfaits
dont on avait coutume d'accuser les gens qu'on
avait résolu de perdre.

Mais quelles étaient les mœurs de ces hommes
voués au célibat et dont les premiers initiateurs
à leur bizarre profession avaient vécu cent ans en
Palestine, au milieu des hasards d'une guerre
de pillage, de meurtres, d'atrocités sans nom? Se
livraient-ils dans le secret de leurs commanderies
aux infamies qu'on supposa? Ces habitudes hon-

teuses furent-elles un moyen pour leurs chefs
d'exalter chez eux le sentiment de la confrater-
nité d'armes et d'en faire un de ces corps réputés
invincibles, qui furent connus dans l'antiquité
sous le nom de phalange ou de bataillon sacré?
On entre ici dans le domaine des faits probables.
Les Templiers étaient des misérables adonnés aux
vices les plus dégradants.

Mais cela n'eût pas suffi sans doute pour faire
supprimer l'ordre. Les conciles auxquels il appartenait en définitive de le juger l'eussent main-
tenu, mais réformé. Or, Philippe-le-Bel en
voulait l'abolition complète. De là le grand appareil de supplices qu'on déploya pour leur ar-
racher des aveux, et ces bûchers sans nombre
qu'on alluma dans toute l'Europe, pour brûler
vifs comme relaps les malheureux qui se rétrac-
taient, une fois délivrés de la torture.

On était en 1313. Depuis plus d'un an l'ordre
du Temple était aboli. Mais de ce procès colossal
il en avait surgi des milliers d'autres : on poursuivait et on jugeait individuellement les Templiers
dans tout le monde chrétien. Le peuple avait fini
par s'apitoyer sur eux à cause des grandes rigueurs qu'ils avaient subies. Tous ces aveux ar-
rachés dans les tortures, toutes ces rétractations,

tous ces supplices d'hommes qui protestaient de leur innocence jusqu'à la mort, avaient ému l'opinion publique. Philippe-le-Bel résolut d'en finir par un grand exemple.

On tenait encore enfermés dans les prisons du palais Jacques Molay, grand-maître de l'ordre; Guy d'Auvergne, grand-commandeur d'Aquitaine; le grand-prieur de Normandie, Hugues Perraud, et les principaux commandeurs, prieurs, précepteurs, visiteurs et maîtres....... Tous, appliqués à la question, avaient avoué leurs crimes. On dressa un échafaud sur la place du Parvis-Notre-Dame, à Paris, et on les fit comparaître en public pour réitérer et confirmer leurs aveux.

Presque tous obéirent et se reconnurent coupables. Mais Jacques Molay et Guy d'Auvergne élevèrent la voix; ils haranguèrent éloquemment la foule; ils protestèrent de leur innocence; ils soutinrent que l'ordre du Temple était saint, demandèrent pardon à Dieu et à la sainte Église d'avoir eu la faiblesse de l'accuser et se déclarèrent prêts à mourir pour sa défense.

Cette scène fit un grand scandale.

Immédiatement on en donna avis au roi qui assembla son conseil à la hâte. Il y fut décidé que le grand-maître et Guy d'Auvergne seraient livrés immédiatement au prévôt de Paris et brûlés vifs dans la nuit même.

Le soir en effet, dans une des petites îles voisines du palais, à peu près sur l'emplacement où se trouve aujourd'hui le terre-plein du Pont-Neuf, deux bûchers s'allumèrent. Des cris affreux se mêlèrent bientôt aux crépitations des flammes; cela dura environ un quart d'heure; puis les cris cessèrent peu à peu et les flammes s'éteignirent. Le grand-maître et Guy d'Auvergne avaient cessé de vivre.

Notre vieux chroniqueur termine son récit par cette réflexion morale que nous croyons utile de reproduire :

« Hugues et Louise se marièrent, dit-il, après avoir désespéré de pouvoir jamais s'unir.

» Ainsi ceux qui s'aiment d'une affection pure et conforme aux lois divines, ne doivent jamais perdre confiance en Dieu et en la sainte Vierge Marie, qui protége les pures et chastes amours. Amen. »

www.ingramcontent.com/pod-product-compliance
Lightning Source LLC
Chambersburg PA
CBHW070411090426
42733CB00009B/1625